신라왕릉의
십이지신상

신라왕릉의 십이지신상

십이지신상

김환대 지음

한국학술정보㈜

이 책을 내면서

천년 고도 경주에는 많은 불교 유적들이 남아 있다. 석불, 석탑, 석등을 비롯한 많은 석조물과 남산의 절터들이 남아 있다. 이러한 많은 불교 유적 가운데 십이지신상 조각은 불교의 영향으로 호법 신장이 습합되어 왕릉을 비롯한 능묘 조각에 나타나는데 경주지역에서는 신라왕릉에 나타나고 있다.

십이지신상에 대한 종합적인 조사 및 연구는 여러 차례 시도되었다. 국립경주박물관 고고관에는 신라왕릉에 나타난 십이지신상의 변화 과정을 표와 사진으로 설명해 놓고 있다. 지금까지 십이지신상에 대한 분류법은 복장, 보는 방향, 배치된 위치 등에 따라 기본적으로 구분하고 있는데, 이 책에서는 십이지신상의 기원과 양식적

변화에 대한 해석을 경주지역 신라왕릉에 나타난 조각
을 중심으로 살펴보고자 한다. 여러 선학들의 연구 논문
과 현장답사를 통해 현장 관찰을 중점으로 십이지신상
의 변화된 양식과 외래의 영향이 어떠한 영향을 주었는
가에 대해 시대적 양상과 사회적 배경을 바탕으로 살펴
보았다. 신라왕릉의 피장자와 관련 없이 현재 십이지신
상이 조각되어 있는 왕릉을 중심으로 살펴보아 편년 설
정에 어려움이 많으나 경주에서 신라왕릉을 답사하고
십이지신상에 대한 공부를 할 때 참고로 될 만한 자료로
미흡하나마 정리하였다.

2009년 2월

경주에서 **김환대**

차례

십이지신상의 기원

십이지는 시간과 방위에 대한 인간의 보편적인 인식구조를 반영하는 것으로, 고대 동양과 서양에 걸쳐서 넓게 퍼져 있던 관념이다.

십이지신상의 기원은 여러 가지 설이 있으나 십간[1] 십이지[2]와 십이신장에 대해 알아야 전반적으로 이해가 된다. 십간십이지와 십이신장에 대해 우선 알아보고자 한다.

십간[3]은 언제부터 정해졌는지는 불분명하지만, 일반적으로는 중국 한대(漢代 B. C. 206~A. D. 220)에 생긴 것으로 알려져 있다. 이것은 원래 날짜의 순서를 표시한 수사(數詞)로서 1개월을 3등분하여 처음 10일간을 상순, 중간의 10일을 중순, 월말까지의 나머지를 하순으로 하고 이런 10일을 첫날부터 다음과 같은 순서로 불렀던 것이다.

갑(甲), 을(乙), 병(丙), 정(丁), 무(戊), 기(己), 경(庚), 신

---

1) 중국의 역법에서 가장 잘 쓰이는 주기(週期)인 십간십이지에서 십간은 10일, 즉 1순(旬)이라는 뜻에서 나왔으며, 점술가는 십간을 천간(天干)이라 하고 음양(陰陽)과 오행(五行)을 부속시킨다.

2) 십간십이지를 정리한 사람은 중국 헌원 황제 때 대요(大撓)라는 사람이다.

3) 간지법이라고도 하며 천간(天干)과 지지(地支)를 합친 것이다.

(辛), 임(壬), 계(癸).

십이지4)는 12개월의 달수5)를 순서적으로 나타낸 수사(數詞)로서, 이미 중국 은대6)(殷代 B. C. 1402～1113)부터 사용하였다고 하며 그 순서는 다음과 같다.

자(子, 쥐), 축(丑, 소), 인(寅, 호랑이), 묘(卯, 토끼), 진(辰, 용), 사(巳, 뱀), 오(午, 말), 미(未, 양), 신(申, 원숭이), 유(酉, 닭), 술(戌, 개), 해(亥, 돼지)이다. 이것은 지금부터 약 2350여 년 전 중국 주(周)나라 현왕(顯王) 3년에 정해진 것으로서 태음력의 원점을 윤달이 든 해에는 12개월이 인(寅)이고 다음해 정월이 묘(卯)가 되지만, 그러나 이런 때도 정월을 인(寅)으로 시작하는 것이 음력의

---

4) 십이지에 대한 이야기는 다음과 같이 전하기도 한다. 아득한 옛날에, 하나님이 뭇짐승늘늘 소십하고 "성월 초하룻닐 아침 나힌테 세배하리 외리. 빨리 오면 일등상을 주고 12등까지는 입상하기로 한다."하고 말했다. 달리기라 하면 소는 자신이 없다. 말이나 개나 호랑이에게는 어림도 없고 돼지 토끼에게도 이길 가망이 없다. 그래서 소는 자기는 워낙 걸음이 느린 소걸음이니까 남보다 일찍 출발해야겠다고 생각했고 이리하여 우직한 소는 남들이 다 잠든 그믐날 밤에 길을 떠났다. 눈치가 빠른 쥐가 이것을 보고 잽싸게 소 등에 올라탔다. 드디어 소는 동이 틀 무렵에 하느님 궁전 앞에 도착했다. 문이 열리는 순간, 쥐가 재빨리 한발 앞으로 뛰어내려 소보다 먼저 문 안에 들어와서 소를 제치고 1등이 되었다. 천리를 쉬지 않고 달린 호랑이는 3등이 되었고 달리기에 자신이 있는 토끼도 도중에 낮잠을 자는 바람에 4등이 되고 그 뒤를 이어 용, 뱀, 양, 원숭이, 닭, 개, 돼지 차례로 골인했다. 그래서 십이지 순서가 정해졌다.

5) 목성의 공전주기 12년을 따라서 12지와 12개 띠를 정했다고 한다.

6) 은(殷)나라 마지막 수도인 은허(殷墟)에서 발굴된 당시 문자 자료를 보면, 특정한 해를 갑자(甲子)나 병인(丙寅)과 같은 식으로 표시한 사례가 발견되기도 한다.

원칙이다.

  십이지에 각각 동물 이름을 붙이게 된 것은, 중국 전국(戰國)시대(B. C. 480~250)부터라고 한다. 이 시기는 문맹자가 많았던 당시의 일반 백성들에게 십이지를 보급 기억시키기 위한 것이다. 십이지는 당시의 천문운행으로 보아 그 기원을 알 수 있다.[7]

  십이지는 동양에서 자주성좌(字宙星座)로 시작하여 방위신앙(方位神仰)[8]으로 자리 잡았다.[9] 십이지는 방위뿐만 아니라 시간 등 우주의 공간적 한계, 시간적 한계를 상징하는 신적 존재로서 이것은 바빌론[10] 기원의 사방 황도십이궁(zodiac)이 중국으로 들어와 남북조시대부터 부장품으로서의 명기, 묘지의 장식 등으로 변형 또는 이용되어 사용되었는데, 특히 도교가 성행한 당대(唐代)[11]에 유행하였다.[12] 십이지지상은 인도, 중국, 한국, 일본, 이

---

7) 세계역사편찬위원회, 「十干 十二支」, 『이야기 상식백과』, 민예사, 1993, pp. 772~773.

8) 12지의 열두 동물을 각 시간과 방위에 배열하게 된 것에는 각 동물의 발가락 수와 그 동물이 가장 왕성하게 활동하는 시간에 따랐다는 설과 석가여래설(釋迦如來說)이 있다.

9) 李鍾護, 「十二干支와 十二支神像의 變遷」, 『穿古』, 第55號, 新羅文化同人會, 대한인쇄출판사, 1982, p.59.

10) 고대 바빌로니아에서는 천계십이수환(天界十二獸環) 도상이 있다.

11) 당대(唐代 618~907)에는 동물의 얼굴에 사람의 몸을 한 모습으로 의인화되어 무덤의 묘지석(墓誌石)에 새겨지거나 조각품으로 부장되었다.

집트, 그리스, 중앙아시아 동양과 서양에 광범위하게 성행하였다. 십이지상의 형태, 용도는 시대와 지역에 따라 다르게 나타난다.[13]

우리나라에서는 십이지라 하여 각종 동물과 조류, 파충류로 나누어 논리화시키고 상징한 것이 있다. 말하자면, 동양 고대 분묘나 부장품 가운데 나타나는 사신도에서 청룡(靑龍), 백호(白虎), 주작(朱雀), 현무(玄武) 등의 동물 형상도 방위와 시간, 계절 등을 상징화한 것은 그러한 점성술과 관련이 깊은 것이다.[14] 십이지의 전래 과정을 살펴보면, 서아시아의 점성술로 발달한 십이궁이 인도에서 불교 등을 통해 중국에 전래된 것으로 추정되는데, 십이지를 방위나 시간에 대응시킨 것은 한(漢)나라 중기의 일이다. 그 후 불교 사상의 영향으로 자(子), 축(丑), 인(寅), 묘(卯), 진(辰), 사(巳), 오(午), 미(未), 신(申), 유(酉), 술(戌), 해(亥)등 12동물과 대응시킨 것으로 보인다. 후한(後

---

12) 金元龍, 安輝濬, 『新版 韓國美術史』, 서울대학교출판부, 1997, p.197.

13) 서양에서도 십이지사상과 유사한 성격이 조디악이라 하여 있으며, 일 년을 12 등분하여 별자리를 지정하여 민간 신앙과 습합하였다. 그리스의 경우 점성술 사들이 성좌마다 열두 명의 신들을 할애하였다. 또한 갈라티아 사람들은 밤하늘에 별을 바라보고 그곳에 동물이나 사람들의 모습을 그린 별자리를 만들어 내기도 하였다. 서양인들도 별자리는 그들의 생활과 밀접한 관계를 가지고 있다고 일찍이 믿었다.

14) 林永周, 『韓國紋樣史』, 미진사, 1983. p.203.

漢)의 왕충(王充)이 저술한 『논형(論衡)』의 물세(物勢)에는 오행상극설(五行相剋說)에 따라 십이지신을 설명하고 있다. 그 후로는 사람의 생년월일(生年月日)을 동물명으로 대신하여 일컫게 되었으며, 주(唐)나라 이후에는 시각적인 표현이 시도되어 묘지명판(墓地銘板)의 사면(四面)에 조각하거나 무덤에 넣는 도제용(陶製俑)에도 사용됐다. 이 경우는 보통 손에 홀(笏)을 들고 문관(文官) 복장(服裝)을 한 인신에 머리만 십이지의 동물로 나타냈다.[15)

십이간지(十二干支)를 정리한 사람은 중국의 황제(黃帝) 때 대요(大撓)라고 하는데, 오행(五行)에 의해 간지(干支)를 만들어서 갑(甲), 을(乙), 병(丙), 정(丁), 무(戊), 기(己), 경(庚), 신(辛), 임(壬), 계(癸)를 일명(日名)으로 하여 십간(十干) 또는 천간(天干)이라 하고, 자(子), 축(丑), 인(寅), 묘(卯), 진(辰), 사(巳), 오(午), 미(未), 신(申), 유(酉), 술(戌), 해(亥)는 월명(月名)으로 하여 십이지(十二支)라 했다고 한다.[16) 처음에는 글자로만 나타나던 십이지는 모두 짐승으로 모습을 바꾸게 되었으니 십이지가 변한 짐승의 모습들은 다음과 같다.[17)

---

15) 「십이지신상」, 『學園世界大百科辭典』 19, 학원출판공사, 1993.

16) 林永周, 「十二支神像」, 『韓國紋樣史』, 미진사, 1983, p.203.

17) 윤경렬, 『경주박물관학교교본(1)』 「십이지신상 이야기」, 대한인쇄출판사, 1987,

자	축	인	묘	진	사
쥐	소	범	토끼	용	뱀
오	미	신	유	술	해
말	양	원숭이	닭	개	돼지

십이지신은 땅을 지키는 일을 하는 열두 신장으로 『약사경(藥師經)』을 외우는 불교인을 지키는 신장(神將)이다. 십이지신은 도교(道敎)의 방위 신앙에서 강한 영향을 입은 것으로 보인다.

12야차대장,[18] 12시왕이라고도 불리며, 약사불의 12대원에 대응하여 약사불을 수호하고 약사의 대원을 실현시키고자 하는 신장이다. 약사 12신장이 약사여래와 함

---

pp.183~204. 윤경렬, 『신라왕릉 이야기』, 어린이 향토학교 교재, 1971.

18) 야차대장에게는 각기 칠천야차가 딸려 그 권속이 되었는데 일시에 소리를 내어 부처님께 사뢰어 말하였다. "세존이시여, 이제 저희들은 부처님의 위신력을 입어 칠불 여래 부처님의 이름을 듣잡고 모든 악도에서도 다시는 공포함이 없겠사오며, 저희들은 서로 마음을 한결같이 하여 몸이 다할 때까지 불법승 삼보(三寶)에 귀의하옵고, 맹세코 일체 중생에 대한 책임을 져서, 그들이 이롭고 풍족하고 안락하도록 보호하겠사오며, 도시나 시골이나 그윽한 숲속 등 어느 곳에든지 이 경전을 널리 퍼뜨려 독송하도록 하겠사옵고 혹은 칠불 여래 부처님의 이름을 받아 지니고 공경하며 공양하는 이는 저희들 권속이 그를 호위하여 모든 화난(禍難)을 벗어나고 소원이 모두 만족하도록 하겠사오며 혹은 병고나 악운에 시달려 벗어나기를 바라는 이가 있다면, 마땅히 그들로 하여금 이 경전을 독송하되, 다섯 빛깔의 실오라기로 저희들의 이름을 맺어 두었다가. 소원을 이룬 뒤에 그 맺은 것을 풀도록 하겠사옵니다." 그때 부처님께서는 모든 야차대장을 칭찬하여 말씀하셨다. "기특하고 기특하다. 야차대장들이여, 그대들은 마땅히 칠불 여래 부처님의 은덕에 보답하기를 명심하여, 항상 이와 같이 일체 중생을 이롭고 안락하게 하도록 노력하여라."

께 등장하게 된 것은 『약사경(藥師經)』에 따른 것인데, 석존이 약사여래의 본원공덕을 설명할 때 12야차대장이 크게 감명 받아 12대원을[19] 행할 것을 서원하였다는 데

19) 1. 내 몸은 찬란히 빛나는 광명이 있어 헤아릴 수 없을 정도로 수많은 세계를 두루 비추며 서른두 가지 장부의 모습과 팔십 가지 아름다운 모습으로 장엄될 것이니 모든 유정들의 몸도 내 몸처럼 똑같아지나이다. 2. 내 몸은 유리처럼 투명하여 안과 밖이 깨끗하고 다시는 더러운 때가 없으며 광명은 크게 빛나고 공덕은 높고 높아 해와 달의 광명보다 훨씬 더 수승한 광명으로 장엄된 보배 그물에 편안히 머물러 있으면서 세간의 중생들이 어두운 밤에 방향을 알 수 없어 어디로 갈지 몰라 헤맬 때에 광명을 놓아 길을 열어 주어 가고 싶은 길로 가도록 해 주고, 하고 싶은 일을 할 수 있도록 하겠나이다. 3. 한량없는 지혜방편을 사용하여 모든 유정들로 하여금 필요한 물건들을 모두 다 얻어 쓰게 하며 한 사람이라도 부족한 일이 없도록 하겠나이다. 4. 사악한 도를 행하는 모든 유정들을 부처님의 바른 깨달음 가운데에 편안히 머무르게 하며 성문의 수행을 하는 자들과 벽지불의 수행을 하는 자들을 모두 대승법에 편안히 머물도록 하겠나이다. 5. 한량없이 많은 유정들이 나의 교법 가운데서 맑고 깨끗한 행실로 수행하여 완전한 계율인 삼취정계(三聚淨戒)를 갖추어 지키며 설령 계율을 범하였을지라도 약사유리광여래불을 들으면 다시 청정한 계율을 얻어 나쁜 세계에 태어나지 않도록 하겠나이다. 6. 몸은 천박한 불구자이며 지저분하고 더러우며 성질은 모질고 어리석으며 온갖 병으로 고통을 당하는 자들이 약사유리광여래불을 들으면 모든 불구자의 몸은 정상적인 몸이 되어 온갖 질병의 고통에서 벗어나도록 하겠나이다. 7. 온갖 병으로 고통을 당하면서도 치료해 주거나 믿고 의지할 사람이 없고 치료할 의약품도 없으며 친척들이나 편안히 쉴 집도 없고 가난의 고통을 하소연할 곳이 없는 자들이 내 이약사유리광여래불이 단 한 번만이라도 그들의 귓가에 스쳐 지나가기만 하여도 온갖 병이 없어지고 몸과 마음이 편안하고 즐거우며 나아가서는 위없는 깨달음을 얻도록 하겠나이다. 8. 모든 여인들이 여인의 온갖 나쁜 일로 고통을 받을 적에 여자로 태어난 것을 몹시 싫어하여 여자의 몸을 버리길 원하면 여자의 몸이 남자의 몸으로 변하여 대장부의 모습을 갖추고 끝내는 위없는 깨달음을 증득하도록 하겠나이다. 9. 모든 외도들의 속박에서 벗어나게 하고 여러 가지 나쁜 견해에 떨어져 있는 유정들을 바른 견해로 인도하여 점차적으로 보살행을 닦아 하루라도 빨리 위없는 깨달음을 증득하도록 하겠나이다. 10. 임금의 나쁜 정치로 몸이 묶여 구속되거나 매를 맞거나 감옥에 갇히거나 사형을 당하며 강도들에게 강탈을 당하는 등의 수많은 재난으로 속을 태우며 슬피 우는 고통을 몸과 마음으로 받을 적에 약사유리광여래불을 들으면 위신력으로 모든 재난의

서 유래한다.

『약사유리광7불 본원공덕경 염송의궤』에 따르면 십이지는 각기 다른 지물을 지니고 동물의 머리에 사람의 몸을 하였다 한다. 시간과 방위에 대응시켜 일상의 척도로 활용된 것은 중국에서부터로 한대(漢代) 중기 이후로 추정된다. 열두 동물을 상징하고 정착하게 된 것은 불교 전래 이후라 한다.

십이지는 그 대장의 하나하나가 맹, 중, 계(孟仲季)의 삼보(三輔)를 갖추고 각기 칠천의 권속(眷屬)이 있으므로 모두 팔만사천이 되고, 호법신(護法神)으로서 일체중생의 팔만사천번뇌(煩惱)를 전하며 팔만사천의 보리를 성취한다.[20]

십이지는 오행설과의 관계, 시간과 방위와의 관계도 알아야 한다. 우선 십이지의 시간을 표시하는 방법을 알아보면, 유례는 정확히 알려지지 않았으나 24시간을 십

고통에서 영원히 벗어나도록 하겠나이다. 11. 배고프고 목이 말라 먹고 마실 것을 얻으려고 여러 가지 나쁜 짓을 저지를 적에 최고로 맛있는 음식을 가지고 가장 먼저 그들을 배불리 먹도록 해 준 다음에 부처님께서 말씀하신 진리의 맛있는 음식[法味]을 가지고 필경에는 편안하고 즐거운 세계를 세워 주겠나이다. 12. 가난하여 입을 옷이 없어 모기와 춥고 더운 고통을 밤낮으로 받을 적에 약사유리광여래불을 듣고 오로지 한 생각으로 받아 지니면 그들이 좋아하는 최고로 좋은 갖가지 옷을 얻도록 하고 마음에 원하는 대로 모두 다 만족하게 얻도록 하겠나이다.

20) 『佛光』, 「불보살의 세계 십이지(十二支)」, pp.82~83.

이지에 할당하는 것으로 한 지는 지금의 2시간에 해당한다. 예를 들면 23:00~01:00시를 자시(子時)라고 한다. 십이지는 방위 또한 나타냈는데, 즉 북(北)을 자(子)로 정하고 전체 두 예를 시계방향에 대하여 십이지를 등 간격으로 배치하였다. 그러면 남은 년(午)이 된다. 이처럼 십간과 십이지는 갑자년이나 을축년 등으로 해를 다스리는 신(神)이었을 뿐만 아니라 날(日)에 배치되어 갑자일, 을축일 등의 날의 신으로, 또 시간(時間)에 배치되어 시간(時間)의 신으로 숭상받았다.

중국에서는 약 2000년 전 한나라 때 동경에 간지를 새긴 글자가 있고, 우리나라에서도 을묘년이란 간지가 새겨진 청동그릇이 경주시 노서동 호우총에서 발견되었다.[21]

유명한 진흥왕 순수비에도 신사년(561 창녕비), 무자년(568 함남 마운령비, 황초령비) 등의 간지가 나타나 있는 것으로 보아 십간, 십이지가 우리나라에 들어온 것은 1500년도 훨씬 넘는 오래전의 일이라 생각된다.[22]

이제 십이신장에 대해 알아보면 십이신장은 간지와

---

21) 호우총에서 발견된 청동그릇(靑銅壺杅)에는 밑바닥에 '을묘년국강상광개토지호태왕호우십(乙卯年國罡上廣開土地好太王壺杅十)'이라는 명문이 있었다.

22) 윤경렬, 「십이지신상 이야기」, 『경주박물관학교교본(1)』, 대한인쇄출판사, 1987, p.187.

형상들고 있는 지물에 따라 달리하고 있는데 십이신장의 이름과 지물에 대해 「약사유리광왕칠불본원공덕경염송의궤」에 의한 십이신장의 이름과 지물은 다음과 같다.[23]

십이신장의 이름과[24] 지물

이름		지물	간지	형상
1	굼비라	방망이	寅	호랑이 머리에 사람 몸
2	바지라	칼	卯	토끼 머리에 사람 몸
3	미히라	방망이	辰	용머리에 사람 몸
4	안디라	쇠망치	巳	뱀 머리에 사람 몸
5	마니라	깍지	午	말 머리에 사람 몸
6	산디라	칼	未	양 머리에 사람 몸
7	인디라	몽둥이	申	원숭이 머리에 사람 몸
8	파치라	쇠망치	酉	닭 머리에 사람 몸
9	마두라	도끼	戌	개 머리에 사람 몸
10	신두라	쇠사슬	亥	돼지 머리에 사람 몸
11	카두라	쇠망치	子	쥐 머리에 사람 몸
12	비가라	보륜	丑	소 머리에 사람 몸

---

23) 김정희, 『신장상』, 대원사, 1994. p.60. 일부 책에서는 十二神將의 명칭을 궁비라, 벌절라, 미기라, 안저라, 액이, 산저라, 인타라, 파아라, 마호라, 진다라, 초두라, 비길라 등으로 설명하고 있어, 책자마다 조금씩 차이를 보이고 있다.

24) 자신(子神, 쥐)은 궁비라대장으로 내 몸과 남의 몸에 광명이 있도록 정성을 다하는 원을 가진 신이다. 축신(丑神, 소)은 벌절라대장으로 위덕이 높아서 중생을 모두 깨우치려는 원을 가진 신이며, 인신(寅神, 호랑이)은 미기라대장으로 중생으로 하여금 욕망에 만족하며 결핍되지 않게 하려는 원을 가진 신, 묘신(卯神, 토끼)은 안저라대장으로 일체 중생으로 하여금 대승교에 들어오게 하려는 원을 가진 신이다. 진신(辰神, 용)은 안비라대장으로 일체 중생으로 하여금 깨끗한 업을 지어 모든 계율을 지키게 하려는 원을 가진 신, 사신(巳神, 뱀)은 산저라대장으로 모든 불구자로 하여금 근(根)이 완전케 하려는 원을 가진 신이며, 오신(午神, 말)은 인달라대장으로 몸과 마음이 안락하여 부처의 깨달음

불경(佛經)에서 전하고 있는 십이지신상의 의의는 『대
방등대집경(大方等大集經)』 제23권에 의하면 12수(獸)
란 남섬부주(南贍浮州)의 사방(四方) 여러 섬에 살고 있
는 12종(種)의 짐승을 말하며, 이들은 각각 보살의 화신
(化身)으로서 1년의 12달에 걸쳐 서로 교대하면서 밤낮
으로 인계(人界)와 천계(天界)를 두루 돌아다니며 교화
(敎化)한다고 하였다.[25]

을 얻게 하려는 원을 가진 신이다. 미신(未神, 양)은 파이라대장으로 일체 여
인으로 하여금 모두 남자가 되게 하려는 원을 가진 신, 신신(申神, 원숭이)은
마호라대장으로 외도의 나쁜 소견을 없애고 부처님의 바른 지견을 포섭하려는
원을 가진 신이고, 유신(酉神, 닭)은 진달라대장으로 나쁜 왕이나 강도 등의
고난으로부터 일체 중생을 구제하려는 원을 가진 신, 술신(戌神, 개)은 초두라
대장으로 일체 중생의 기갈을 면하고 배부르게 하려는 원을 가진 신, 해신(亥
神, 돼지)은 비갈라대장으로 가난하여 의복이 없는 이에게 훌륭한 옷을 얻게
하려는 원을 가진 신이다. 책자마다 조금 차이는 있으나 거의 비슷하게 설명
되어 있다.

25) 운하용하, 『佛教大辭典』, 金觀壕, 大宗師, 『佛教學大辭典』, 弘法圓, 1993,
p.970. 趙明基博士, 『韓國佛教大辭典』, 한국불교편찬위원회, 寶蓮閣, 1982,
p.210.

① 중국의 십이지신상

    중국의 십이지신상이 가장 먼저 나타나는 것에 대해서는 일부 견해가 다르게 나타나고 있다.[26] 대체적으로 보면 중국 돈황 220굴(642년 개착)의 약사정토변상도에서 십이지신장의 머리에 십이지를 배치하고 있다.[27] 낙양 고성지 북교 금촌(金村)의 고분에서 십이지 중 7점의 청동제 유물이 출토되었고, 중국 서안시(西安市) 동교 곽가탄의 사사례묘(史思禮廟 744년)에서 출토된 십이지생초상(十二支生肖像)과 서안 함조저 장만 출토의 십이지생초상을 들 수 있다. 그 형상은 동물의 머리에 사람의 모습을 하고 몸에는 소매가 넓은 관복을 걸치고 있다.[28] 중국에서 12짐승을 신격화시킨 것은 중국 은(殷)대에 비롯되었다고 하나, 의인화(擬人化)되어 조각상으로 나타나게 된 것은 당(唐)대의 일이라 추정된다.[29]

    중국 장사시 남문 밖 황토령(長沙市南門外黃土嶺)에

---

26) 십이지에 대한 최초의 기록은 수호지(睡虎地)에서 출토된 운몽진간(雲夢秦簡) 일서(日書)에 있다.

27) 『佛光』,「불보살의 세계 십이지(十二支)」, 목아박물관 자료제공, p.83.

28) 『십이지신상(十二支神像)』, 브리태니커, 동아일보공동출판, 1993. p.23.

29) 林永周, 『韓國紋樣史』, 미진사, 1983. p.204.

서 발굴·조사된 십이지생초용(十二支生肖俑)[30]이 있는
데, 이 시기는 당(唐)나라가 건국된 지 약 100년 후로,
신라의 성덕왕대(聖德王代)부터 경덕왕대(景德王代)에
이르는 8세기경의 통일신라 초기에 해당되는 것이다.[31]
중국(中國) 당대(唐代)의 문헌에는 십이지가 이미 시간
의 신(神)으로 되어 있으나 당(唐) 중기에 이르러 방위신
(方位神)인 사신(四神)과 관련되면서 명기(明器)로 제작
되거나 또는 능묘(陵墓)를 지키는 수호신으로서의 역할
을 하게 되었다. 한(漢)나라 때부터 글자로 표시되던 십
이지가 당(唐)나라(618~907) 중기부터는 사람의 몸뚱이
에 짐승의 얼굴로 표현된 것이 발견된다.[32]

당삼채로 제작된 경우도 있다. 이러한 것으로 볼 때
중국에서는 십이지신상(十二支神像)이 도교적인 관념, 즉
방위신앙(方位信仰)에서 강한 영향을 입은 것으로 보이
며,[33] 후에 불교적인[34] 미술양식과 결합된 것으로 볼 수

---

30) 考古通知,「長沙漢土嶺唐基淸理記」, 1958. 1956년 7월 발굴, 조사된 唐
의 土土久竪穴石專堂其에서 十二支生肖俑이 발견되었다.

31) 姜友邦,「新羅十二支像의 分析과 解釋. 新羅十二支像의 Metamorphose」,『佛
敎美術』1集, 東國大學校博物館, 1973. p.27.

32) 윤경렬,『경주박물관학교교본(1)』,「십이지신상 이야기」, 대한인쇄출판사, 1987.
p.190. 일부 책에서는 十二支의 동물 형상화한 것을 한대(漢代) 후기(後期)로
설명하고 있다.

33) 林永周,『韓國紋樣史』, 미진사, 1983. p.204. 권영한,「십이지신(十二支神)」,

있다. 이처럼 무덤과 관련지어 십이지가 사용된 것은 중
국이 먼저인 것 같다. 송(宋)나라의 자평이 지은 『연해자
평(淵海子平)』에는 십이지의 기원이 황제(黃帝) 때라 하
였다.[35]

2. 한국의 십이지신상

　우리나라에 십이지[36] 사상이 도입된 것은 낙랑시대(樂
浪時代)로 추정되며, 십이지신에 대한 최초 기록은 선가
(仙家)의 경전 육정육갑(六丁六甲) 금쇄경(金鎖經)으로
전해지고 있다.[37] 십이지 신앙은 약사신앙과 밀접한 관
련을 지닌다. 신라 선덕여왕 때 이미 밀본법사(密本法
師)가 『약사경』을 읽어서 병을 고쳤다는 기록이 『삼국유

　『우리사찰의 벽화이야기』, 전원문화사, 1997. p.134.

34) 불교에서도 십이 수의 개념이 있는데, 『십이연경』에 12마리 동물이 등장하는
　데, 경에 의하면 하나하나가 다 자신의 자애를 닦는다.

35) 김태중, 「신라 십이지신상」, 『비화원』, 제7집, 안강문화연구회, 2007. p.16.

36) 장군총의 호석은 돌을 쌓아 올린 무덤이 빗물이나 기타 외부압력에 인하여 밀
　려나거나 무너짐을 방지하기 위해 세운 것으로 3개씩 4면에 총 12개가 있는
　데 이것을 십이지신상의 기원으로 본 사람이 있다.

37) 박제정, 「통일신라시대 십이지상의 조형성에 관한 연구」, 1996. 전북대학교
　대학원 석사학위논문, p.8.

사』에 있다.

선덕왕(善德王) 덕만(德慢)이 병이 들어 오랫동안 낫지 않자, 흥륜사(興輪寺)의 승려 법척(法척)이 임금의 부름을 받아 병을 치료했으나 오래되어도 효력이 없었다. 이때 밀본법사(密本法師)의 덕행(德行)이 나라 안에 소문이 퍼져서 좌우 신하들이 바꾸기를 청했다. 왕은 그를 궁중으로 불러들이니 밀본은 신장(宸仗) 밖에서 약사경(藥師經)을 읽었다. 경을 다 읽고 나자 가졌던 육환장(六環杖)이 침실 안으로 날아 들어가더니 늙은 여우 한 마리와 중 법척을 찔러서 뜰아래에 거꾸로 내던지니 왕의 병은 이내 나았다. 이때 밀본의 이마 위에 오색의 신비스러운 빛이 비쳐 보는 사람이 모두 놀랐다.(『三國遺事』 제5권 神呪 제4 密本催邪條.)

김유신(金庾信) 장군도 『약사경』을 호지(護持)하는 사람과 교분을 가졌다는 기록이 남아 있다. 이 십이지 신앙은 신라가 삼국을 통일하기 전까지는 밀교의 영향으로 호국적 성격을 지녔으나, 삼국통일 이후에는 단순한 방위신으로 그 신격(神格)이 변모되었다. 즉 탑을 만들 때 그 기단부에 십이지신상을 조각하였는데, 경주 원원사지(遠願寺址)에 있는 삼층석탑은 그 효시가 되고 있다.38) 조형예술로서 십이지신상이 나타난 것은 이 원원 사탑이 건립된 8세기 중반 경덕왕 때의 일이다. 이것은 탑이 불교건축에 있어서 구심점으로 인식된 삼국통일 후의 일반적 경향에 따른 창출물이었다. 삼국통일 전에 는 단순히 탑의 지붕돌[屋蓋]에 변화를 주는 것에 불과 하였지만, 경덕왕 이후에는 탑에 사천왕(四天王), 십이지 신상(十二支神像) 등을 부조(浮彫)하는 기법이 성행하였 다. 특히 기단면석이나 탑신에 불상·십이지신상 들이 새겨진 것이 나타난다. 이것은 능묘(陵墓)의 호석(護石) 에도 영향을 주어 구릉형(丘陵形)의 무덤 밑 부분을 원 형으로 돌리고 각각 십이지신상을 안치한다. 이처럼 우 리나라의 경우는 중국 당대의 영향을 받아 8세기 중엽 경인 통일신라시대부터 제작된 것으로 보고 있다. 이때 는 주로 머리만 동물형상을 한 무인(武人)의 모습으로 표현되었는데, 점차 조각의 한 주제로 독립되면서 독특 한 조형의식을 보여 준다. 우리나라에서 능묘에 방위신 앙으로 가장 오래된 것은 대동강 유역의 고구려 고분 내 의 벽화에 나타나는 사신도의 방위상이다. 통일신라시대

---

38) 원원사지탑을 효시로 하여 안동 임하동 3층 석탑, 안동 금소동 3층 석탑, 영양 현일동 3층 석탑, 영양 화천동 3층 석탑, 구례 화엄사 서5층 석탑 기단에도 十二支神像이 나타나고 있다.

에는 능묘의 호석에 또 능묘의 바깥 둘레의 지하에 배치한 것이 있다.[39] 이 십이지상은 문인상과 무인상, 부조상과 원각상으로 구별된다.

우리나라에서 십이지신상의 발생과[40] 전개를 생각해 볼 때, 능묘의 주위에 주회(周回)시키는 형식은 신라에서 처음으로 나타나는 것이며, 또한 특수한 예를 제외하고는 공통적인 방법으로서의 특색이라 할 수 있다.

우리나라 통일신라기의 능묘에 나타나는 십이지신상에서는 환조와 부조의 두 가지 형식을 볼 수 있고, 수수인신상(獸首人身像)으로서 몸에는 무인복과 평복차림의 두 가지 모습으로 구분하여 나타나고 있다. 처음에는 평복차림으로 평상화했으나 차츰 불교의 사천왕과 같은 무복을 갖추고 무기를 든 모습으로 표현하는 경향을 보인다. 이것은 아마도 평복 차림으로는 수호신으로서의 성격을 강하게 표현하기 어려웠기 때문이라고 해석하기도 한다.[41]

---

39) 陵墓地下에 배치된 예로는 慶州市內南面望星里山 40番地 閔哀王陵 外域에서 발견된 경우와, 慶州市 忠孝洞山 70-1 金庾信將軍 墓域蠟石製浮彫像, 慶州市 龍江洞古墳石室內에서 土製俑과 함께 靑銅製 十二支神像이 발견되었는데, 方位에 따라 星座의 宇宙를 나타낸 것으로 볼 수 있다.

40) 우리나라에서 십이지신상 발생에 대해서 신라 자체에서 발생한 자생설과 당시 주변국가로부터 이입되었다고 보는 견해가 있다. 박령신이 자생설의학자이며, 외국 유입설은 고유섭과 손경수 등이 있다.

통일신라시대의 십이지신상을 형식면에서 살펴보면, 우선 무복상(武服像)과 평복상(平服像)으로 구별되며, 다시 자세에 있어서는 좌상(坐像)과 입상(立像) 그리고 도무상(蹈舞像)으로 이른바 수무족도(手舞足蹈)하는 형상의 세 가지 형식이 있다.

이 외에 석종형(石鐘形) 부도(浮屠)로서 울산 태화사지(太和寺址)에서 발견된 부도(浮屠)[42]에 십이지신상이 새겨져 있다.[43] 또한 십이지명이 있는 골호(骨壺)도 몇 점 나타나고 있다.[44] 앞서 언급한 왕릉의 호석에 나타난 십이지신상 이외에 53대 신덕왕릉의 경우에는 석실분의 내부에 백(白), 황(黃), 주(朱), 청색(靑色) 등을 서로 다르게 칠했는데, 채색한 공간이 12개라는 화폭의 수로 보아 십이지[45]를 뜻한 것 같으며, 십이지를 그리는 대신 2

41) 하일식, 「십이지신상」, 『경주역사기행』, 그린글, 1999. 9. p.143.
42) 여기에 대해서는 黃壽永, 「蔚山의 十二支像浮屠」, 『考古美術』, 第55號, 國立中央博物館, 1962. 6. 鄭永鎬, 『新羅石造浮屠硏究』, 檀國大學校博士學位論文, 1974에 자세히 잘 설명되어 있다.
43) 1962년 蔚山 太和寺址에서 발견된 이 石鐘形 浮屠는 新羅 石鐘形浮屠의 유일한 예로서 十二支神像이 있는 한국 현존 最古의 예로서 아주 중요하다. 현재는 학성공원에 보관되어 있다.
44) 朴方龍, 「新羅十二支銘骨壺에 對한 小攷」에 十二支銘이 있는 骨壺에 대해 자세히 설명하고 있다. 뼈항아리에 한자로 12간지가 쓰여 있는 것도, 형상으로 만들어 배치했던 십이지상과 그 의미가 동일하다고 할 수 있다.
45) 여기에 대해서 십이지와는 아무런 관련이 없는 듯하다는 의견이 있다. 북벽에 6폭, 동벽과 서벽에 3폭씩 하여 합이 12폭이므로 그렇게 생각하였다고 하며,

색의 배합으로 각 지를 표시한 듯하다.[46]

고려시대[47]에는 개심사지 오층석탑(경북 예천 남본동, 보물 제53호)에 십이지가 하층기단에 위치하여 그 위로 팔부중과 사천왕을 배치하고 있어 호법신장 가운데 가장 하단으로 설정되고 있음을 보여 준다. 이 탑에 새겨진 십이지신상은 하층기단 면석에 안상무늬를 새기고, 안상(眼象) 안에 각 면 3구의 수수인신(獸首人身)의 십이지신상을 양각하였다. 그 배치는 남면 동으로부터 오상(午像)[48]으로 시작되어 미상(未像), 신상(申像)이 계속되고, 서면·북면·동면의 차례로 되어 있다.[49] 약사불화에서도 십이지가 함께 그려진 예가 많지만 조각에 비해 그 구분이 모호한 편이고 지물도 확인이 어려운 경우가 많다. 이처럼 고려시대에는 그 형식이 변해 머리에

색상이 청색, 백색, 붉은색, 검은색, 황색 등으로 채색이 되어 있어 관념적인 측면에서 오행설의 사신도와 관련지어 설명하기도 했다. 金元龍, 『韓國考古學槪說』, 一志社, 1988, p.262.

46) 金元龍, 安輝濬, 『新版韓國美術史』, 서울대학교출판부, 1997, p.198. 임영주, 한국의 전통문양, 대원사, 2004, p.111. 박일훈, 「경주삼릉석실고분(전신라신덕왕릉)」, 『미술자료』 8. 國立中央博物館, 1963.

47) 고려시대 십이지상이 그려진 것으로 수락동 고분군이 있다. 박창범, 『하늘에 새겨진 우리역사』, 김영사, 2003, p.174.

48) 말은 이미 부여에서는 육축으로 관명(官名)을 지었고, 명마를 생산 하였으며, 『삼국지』, 『동이전』, 『삼국사기』, 『삼국유사』를 비롯하여 각종 문헌에 관련 자료들이 나온다. 특히 위인의 탄생을 예시(豫示)하는 기록이 많다.

49) 金禧庚, 「개심사지 5층 석탑」, 『韓國의 美術 2 塔』, 열화당, 1982, p.114.

관을 쓴 수관인신상(獸冠人身像)으로 바꾸며 능묘의 호석뿐만 아니라 왕릉벽화,[50] 고분벽화,[51] 석탑, 석관, 부도, 동경 등으로 그 사용범위가 넓어지게 되었다. 조선시대에는 능묘조각은 물론이고, 불화로서 십이지도무신장상(十二支跳舞神將像)이 유행하게 된다. 몸 전체가 동물의 형상으로 나타나기도 한다.

조선시대에는 이같이 의식(儀式)이 구나(驅儺)라 하여 악귀를 쫓는 행사로 불교행사나 무속화된 행사에 쓰이기도 했다.

이렇듯 시대와 변천에 따라 십이지신상의 개념도 달리하여 나타나고, 용도 또한 다양하게 나타나며, 각 시대의 종교 신앙의 성쇠에 따라 좌우되었던 것임을 알 수 있다.

---

50) 高麗時代 王陵에 十二支神像 壁畵가 發見된 王陵은 明宗智陵, 玄陵, 王妃正陵이 있다.

51) 개풍군 수락암동 제1호분(開豊郡水落岩洞 第一號墳)에 그려진 십이지신상에서 볼 수 있는데, 이 십이지신상은 회칠을 한 벽면에 사신(四神)과 함께 그려진 것으로 손에 홀(笏)을 잡은 문관(文官)의 모습을 하고 관(冠)의 앞쪽 한가운데에 각각 상징하는 동물의 모습을 지니고 있다. 동·서 벽에는 각각 4구, 남·북 벽에는 각각 2구씩 十二支神像이 그려져 있는데, 모두 오른쪽으로 움직여 가고 있는 듯한 모습이다. 安輝濬, 『韓國繪畵史』, 一志社, 1996, p.74.

통일신라 십이지신상의 발생 과정

십이지에 대한 개념은 앞서 살펴본 바와 같이 중앙아시아, 인도, 중국, 한국, 일본, 이집트, 그리스 등 동·서양에 걸쳐서 광범위하게 편재하여 있다.[52] 십이지신상의 발생 과정을 통일신라 조각사에 있어서 훌륭한 조각 중의 하나인 십이지신상 조각을 통해서 능묘 호석에 나타난 십이지신상과 불교 조형물의 십이지신상을 통해 이해하고 우리나라 십이지신상의 독창성도 함께 살펴보고자 한다.

---

52) 姜友邦,「統一新羅 十二支像의 樣式的 考察」,『圓融과 調和』, 열화당, 1996, p.356.

1. 능묘 호석의 십이지신상

능묘 호석[53]의 발생 과정을 알기 위해서는 여러 능묘
의 호석 발달과 능묘의 피장자 문제와 정치적, 사회적
배경, 문화사적 의의와 밀접한 관련이 있다. 중국 주(唐)
나라 십이지용의 전개에 비교해 보면 통일신라 호석의
십이지신상은 사상적, 종교적, 정치적, 예술적 배경이 중
국과는 전혀 다른 차원을 지니며 화려하고 다양하게 전
개된다. 신라가 통일국가를 이루면서 정치적, 문화적 기
반을 확립하고 여러 장르에서 조형물이 창출되었는데,
조각부문에 있어서는 그 대표적인 예가 십이지신상이다.
그 시원은 비록 당대(唐代)의 십이지생초에서 출발하지
만 통일신라시대에 이루어진 십이지상의 변모는 앞서
살펴본 바와 같이 과히 독창적이라 해도 과언이 아니며
또한 여러 형식으로 전개되어 능묘 호석 이외에 불교건
조물의 석탑, 부도, 석등, 귀부, 불구 등 광범위하게 응
용되었던 것이다. 통일신라시대에 이루어진 십이지신상
은 호석으로 십이지를 조각하여 분묘에 돌린 것은 순전

---

53) 호석은 봉토를 보호하는 역학적 기능과 더불어 피장장의 영혼을 지키는 상징
성을 지닌다고 할 수 있다.

한 신라인의 창안이라 할 수 있으며, 모두 신장의 형식을 갖추고 있어 수호신으로 작용하고 있는 것이 분명하다. 통일신라시대의 능묘에 나타난 십이지신상 호석의 발생 과정을 밝히기 위해서는 각 왕릉의 비정 문제, 피장자 여부, 각 왕 시대의 정치적, 문화적 업적이 뒷받침되어야 하며, 특히 십이지신상이 본격적으로 나타난 경덕왕대의 전반적인 이해가 필요하므로 각 왕릉의 십이지신상에서 자세히 살펴보기로 하고 우선적으로 십이지신상의 복장에 있어서는 평복에서 무복으로 변화되어 나타나고 있으며, 불교 건조물에 설치된 십이지신상과는 배경도 다른 것임을 알 수 있다. 또 능묘의 경우는 방위신(方位神)과 수호신(守護神)의 성격을 지님으로써 무장(武裝)을 하게 되고, 위세를 강조시켜야 했으므로 규모가 크게 나타난 것으로 보인다.

2. 불교 조형물의 십이지신상

불교 조형물에 설치된 십이지신상은 자세로 보아 좌상, 도무상, 능묘형식의 입상 이렇게 세 가지로 나눌 수

있어 비록 규모는 작지만 자세는 다양한 셈이다.[54]

불교 조형물에 본격적으로 십이지신상이 나타난 것은 8세기 중엽 경덕왕(景德王) 때로 추정되며 경주 원원사지 삼층석탑 기단부에 십이지신상[55]이 처음으로 나타나고 있다. 그 후 앞서 살펴본 바와 같이 부도, 석등, 귀부, 불구 등 광범위하게 응용되어 나타나고 있다. 불교 조형물에 나타난 십이지신상을 살펴보면 다음과 같다.

구분	내용	현재위치	비고
석탑	원원사지 동·서 석탑	경북 경주	상층기단
	임하동 3층 석탑	경북 안동	하층기단
	금소동 3층 석탑	경북 안동	하층기단
	현일동 3층 석탑	경북 영양	하층기단
	화천동 3층 석탑	경북 영양	하층기단
	화엄사 서5층 석탑	전남 구례	하층기단
귀부	무장사지 아마타여래 조상사적비의 귀부	경북 경주	도무십이지신상
부도	태화사지 부도	울산광역시	종형부도, 유일
석등	교동 최영식 씨 댁 정원	경북 경주	석등으로서 유일

이처럼 불교 조형물에서는 다양하게 십이지신상이 나

---

54) 姜友邦, 「新羅十二支像의 分析과 解釋」, 『佛敎美術』1集, 東國大學校博物館, 1973, p.59.

55) 원원사지 삼층석탑은 학자에 따라 8세기말, 9세기 전기로 추정한다. 이 곳에 표현된 십이지 상배열은 『大方等集經』 권제23 등의 경전의궤와 일치하는 것으로 생각된다.(김보형, 「統一新羅 十二支像 圖像 硏究」, 『회당학보』, 제7집, 회당학회, 2002, p.237.)

타나고 있으며, 능묘 호석과는 달리 외래의 영향이 아니라 신라사회 및 문화의 자주적인 성격이 나타나 반영된 것이라 할 수 있다.

능묘 십이지신상의 변천 과정

능묘의 십이지신상은 모두 신장상의 형식을 갖추어 수호신적인 성격을 지니고 있다. 능묘의 경우 피장자의 신분에 따라 표현 방법의 차이를 보이고 있다.

통일신라의 십이지신상 표현 방법은 크게 세 가지의 방법이 있는데, 신문왕릉처럼 평복 십이지신상 호석만을 돌린 것이 있고, 성덕왕릉이나 경덕왕릉, 원성왕릉, 흥덕왕릉처럼 무복 십이지신상을 배치한 것이 있고, 헌덕왕릉과 김유신 장군 묘처럼 평복십이지신상을 호석으로 돌리고 별도로 능묘 주위에 방위에 따라 납석제 무복십이지신상을 지석처럼 묻어 놓는 세 가지 방법이 있다. 이러한 경우 무엇을 근거하여 제도적으로 확립된 것인지 이를 뒷받침하는 문헌자료가 거의 없어 추정조차 현재로는 불가능한 상태이다.

이처럼 십이지신상은 시대와 연대에 따라 형식적 변화를 보여 주고 있는데, 이것은 시대적 상황을 반영하여 다양하게 나타나고 있다. 지금 십이지신상이 있는 능묘 가운데 주인공을 확인할 수 있는 능묘는 성덕왕릉, 원성왕릉(괘릉), 헌덕왕릉, 흥덕왕릉, 경덕왕릉에 불과하다. 그 조성연대를 왕의 생몰 년대를 기준 삼아 우선 편년[56]을 설정해 보면, 원성왕릉은 799년, 경덕왕릉은 9세기 초, 헌덕왕릉은 826년, 흥덕왕릉은 836년에 각각 완성된 것으로 추정된다. 우선 이들 왕릉의 십이지상의 형식과 양식의 변화과정을 살펴보면 변화된 정도를 알 수 있다. 복장(服裝)의 경우는 평복과 무복으로 구분되는데, 평복에는 헌덕왕릉, 추정 신문왕릉지(황복사터 기단) 등이 있고, 무복에는 괘릉(원성왕릉), 경덕왕릉, 흥덕왕릉, 진덕여왕릉, 성덕왕릉이 있다. 머리 보는 방향이 모두 정면을 보고 있는 것으로는 성덕왕릉, 모두 오른쪽 방향을 보고 있는 것으로는 헌덕왕릉, 모두 남쪽을 보고 있는 것으로는 괘릉(원성왕릉), 진덕여왕릉, 동서남북은 정면이고 나머지는 좌우에서 중간의 정면상(오상)을 향해 머리를 돌리고 있는 경덕왕릉, 흥덕왕릉이 있다.

복장, 바라보는 방향, 배치되는 위치에 따라 다르게 나타나는 십이지신상들에 대해 이것만으로는 시대 편년의 기준으로 미흡하다. 또한 학자들 간에 편년 설정도 다소 차이가 많이 나고 있다.

---

56) 姜友邦의 十二支神像 編年기준을 參考로 하였다.

1. 신라왕릉 호석에 나타난 십이지신상

경주지역에는 992년 동안 신라를 경영한 56왕 중에서 제51대 진성여왕과 제56대 경순왕을 제외한 대부분의 왕릉이 산재해 있다. 이 가운데 경주지역에는 36기의 신라왕릉이 전해지고 있다.

제22대 지증왕 이후 순장 풍습이 없어지고, 불교의 영향으로 십이지신상과 왕릉 사방에 석사자, 석인상을 배치해 놓았다. 이것은 아마도 당나라 왕릉을 모방한 형식인 것 같다. 이제까지 십이지신상이 당나라로부터 영향을 받아 수입 제작된 것으로 알고 있었으나 중국에는 당나라 중기부터였고, 이는 신라 능묘에서 십이지신상이 본격적으로 나타나는 시기와 거의 같다. 따라서 신라 능묘의 십이지신상은 수입된 것이 아니라 신라인의 창안이라 볼 수 있다.[57] 우리나라 능묘의 십이지신상에서 볼 수 있는 갑주신장(甲冑神將)이나 도무십이지신상(蹈舞十二支神像)의 출현은 순수한 신라인의 창작이라 하겠다.[58] 이처럼 십이지신상이 신라왕릉에 나타난 것은 정

---

57) 하일식, 「십이지신상」, 『경주역사기행』, 그린글, 1999, p.143.
58) 林永周, 「十二支神像」, 『韓國紋樣史』, 미진사, 1983, p.204.

치적, 사회적 배경과 함께 하루아침에 번쩍이듯 갑작스
럽게 나타난 것이 아님을 알 수 있다. 즉 전제 왕권의
강화를 위한 하나의 반영 수단이라 할 수 있다. 십이지
신상이 있는 신라왕릉들을 비교 분석함으로써 정치적,
사회적 상황과 어떠한 관련이 있고, 십이지신상이 어느
정도 반영되어 나타났는지에 대해서도 알아보고자 한다.
십이지신상이 있는 신라왕릉을 왕위 순으로 정리하면
다음과 같다.

경주지역 신라왕릉 호석에 나타난 십이지신상

왕릉	현재의 위치	비고
28대 진덕여왕릉	경주시 현곡면 오류리 산 48	무복
33대 성덕왕릉	경주시 조양동 666	환조
35대 경덕왕릉	경주시 내남면 부지리 산 8	무복
38대 원성왕릉	경주시 외동읍 괘릉리 산 17	무복
41대 헌덕왕릉	경주시 동천동 80	평복
42대 흥덕왕릉	경주시 안강읍 육통리 산 42	무복

　　경주지역에는 6군데 신라왕릉 호석에 십이지신상이
나타나고 있는데 크게 표현방식에 있어 환조상과 부조
상으로 나눌 수 있고, 복장에 있어서는 평복과 무복이
나타나고 있다. 평복과 무복이 왜 다르게 나타나며, 시
대적 상황이 어느 정도 반영되었는가를 6군데 신라왕릉

을 통해서 살펴보고자 한다.

1) 성덕왕릉聖德王陵 십이지신상

성덕왕릉[59]은 국립경주박물관을 지나 불국사 가는 쪽으로 가다 보면 도중에 조양동 (구)내동초등학교, 현재 한국광고영상박물관 Q가 있고, 그 좌측의 철길을 넘어선 곳 능안길에 효소왕릉과 100m정도 간격을 두고 있다. 왕릉의 위치에 대해서는 『삼국사기(三國史記)』에는 '이거사(移車寺) 남쪽(佛國寺驛 西北 약 10町)에 있다.'[60]라고 기록하고 있으며, 『삼국유사(三國遺事)』에는 '능이 동촌남(東村南)에 있으니 양장곡(楊長谷)이라고 한다.'[61]라고 기록하고 있다. 또한 『동경잡기』 간오 조에 '도지곡(都只谷)에 있다.'라고 하여 다소 기록의 차이가 있다.[62] 신라 제33대 성덕왕(702～736)은 본명이 김흥광(金興光)이고, 신문왕(神文王)의 둘째 아들로서 효소왕

---

59) 강인구는 이곳을 원성왕릉으로 추정하였다. 강인구, 「신라왕릉의 재검토(3)」, 『삼국유사의 종합적 검토』, 한국정신문화연구원, 1984.

60) 『삼국사기(三國史記)』 新羅本紀 第8 聖德王, 『삼국유사(三國遺事)』 王曆表 聖德王條에 陵左東村南 楊長谷이라 하였는데, 楊長谷說은 景德王陵과 혼동한 듯(見後註), 聖德王陵의 現在地名은 慶州市 朝陽洞이다.

61) 『삼국유사(三國遺事)』 王曆表 제33대 聖德王.

62) 『흥지호관』에는 '都只谷里에 있다.'라고 기록하고 있다.

(孝昭王)의 친동생이다. 비(妃)는 성정왕후(成貞王后)이다. 형인 효소왕의 뒤를 이어 왕위에 올라 안으로는 정치를 안정시키고 밖으로는 당나라와 외교를 활발히 하여 국력을 튼튼히 함으로써 삼국을 통일한 이후 정치적으로 가장 안정된 신라 전성기를 이루었으며 문화적으로도 눈부신 발전을 가져오게 하였다.[63]

왕릉의 외형을 살펴보면 분구의 언저리에 높이 약 90cm 정도의 판석을 두르고, 그 위에 덮개돌인 갑석을 올렸다. 판석돌 사이에는 탱주를 끼워 고정시켰으며, 외부에는 삼각형의 석재를 세워 보강하였다. 삼각형 석재들 사이에 환조의 십이지신상(十二支神像)이 추가적으로 배치되어 있다. 십이지신상들은 모두 방형 기단 위에 올려 있으며, 심하게 파손 당하였다. 또 중간 바닥에는 판석을 깔았으며 가장 바깥쪽에는 난간을 둘렀는데 파괴가 심한 편이다.[64] 왕릉의 앞쪽에는 석상(石床)인 상석(床石)[65]이 놓여 있는데 2매의 판석으로 조립하였으며, 사방의 면에는 안상(眼象)을 조각하였다. 능의 네 모

---

63) 김환대, 『신라왕릉』, 한국학술정보, 2007, p.86.

64) 崔鍾圭, 「신라 성덕왕릉(新羅聖德王陵)」, 『한국민족문화대백과사전』, 정신문화연구원, 1991, p.736.

65) 일부는 이 상석을 혼유석으로 보기도 하나 혼유석의 개념은 고려왕릉부터 등장한다.

퉁이에는 화강암으로 만든 돌사자를 배치하였고, 능의 전면에는 문무인석(文武人石)66)으로 추정되는 4구의 석인상을 좌우에 배치한 것으로 보이나, 현재는 무인석(武人石)으로 추정되는 무기를 잡은 1구와 형체를 알 수 없는 서쪽에 석인상의 상반신(上半身 흉상)만을 남기고 있다. 무인석은 방형기단 위에 올려 있다. 뒷면을 자세히 보면 의장용 갑옷인 양당개(裲襠鎧)를 착용하고 있으며, 전면에는 문복을 입고 있으며 양손으로 칼을 짚고 있는 모습을 하고 있다.67) 왕릉 전방에는 100m 정도 앞의 전답 가운데 경덕왕 13년 정월에 세워진 능비68)를 떠받치고 있었을 귀부(龜趺 경상북도 유형문화재 제96호)가 남아 있다. 현재 비신과 이수는 없어졌으며, 목이 결실된 채 파괴가 심한 편이다.

성덕왕릉의 십이지신상에 대해 좀 더 알아보면 십이지신상은 훼손이 심하고 분실된 것이 많으나 다른 왕릉과 달리 독립된 석상을 만들어 호석 주위에 돌아가며 세워 두었다. 이 성덕왕릉의 십이지신상이 유사한 형식 가

---

66) 문인석은 당의 황제 능에서 영향을 받은 의제(儀制)일 것이며, 석사자는 인도 스투파에서 연유한 것으로 최완수는 설명하고 있다.

67) 朴敬源, 「統一新羅時代의 墓儀石物石人石獸研究」, 『考古美術』, 154·155 합호, 韓國美術史學會, 1982.

68) 十三年 …… 五月 立聖德王碑(『三國史記』, 新羅本紀 景德王)

운데 가장 빠른 것이지만 한 가지 의문점이라면 왜 신라의 왕릉 패턴이 점진적인 발달을 하다가 성덕왕릉 대에와서 갑자기 이색적인 패턴 형식이 나타났는가 하는 점이다. 이것은 성덕왕대의 『삼국사기』 기사를 살펴보면어느 정도 해결의 실마리를 찾을 수 있을 것 같다. 즉성덕왕은 당나라와 긴밀한 접촉을 한 것이 여러 군데 나타나고 있어 이때 많은 문물이 국내에 반입되면서 묘제또한 같이 도입된 것이 아닌가 한다. 그 예로 호석 주위에 돌사자, 관석, 귀부 등을 둔 것이 당제의 모방이라고생각되기 때문이다.[69]

성덕왕릉의 십이지신상은 탱주 받침돌 사이에 놓여있는데, 비교적 고른 간격으로 십이지신상을 배치하다가탱주 받침돌에 걸려 건너뛴 경우도 있다. 능 둘레에 십이지신상을 고르게 배치하려면 탱주 받침돌의 수가 36개나 24개가 되어야 하지만, 현재의 탱주 받침돌은 30개이기 때문이다.

강우방은 이러한 이유를 들어, 현재 볼 수 있는 성덕왕릉은 원래 계획했던 모습 그대로가 아니라 후대에 십이지신상과 난간 등이 추가된 결과[70]라고 본다. 원래 둘

---

69) 장정남, 「고분군과 왕릉」, 『慶州文化의 理解』, 중문, 1998, pp.106~107.

레돌과 탱주 받침돌만 있던 왕릉에서 십이지신상을 후대에 추가하게 되자 간격을 맞추기가 어려웠기 때문이라는 것이다.[71] 최민희도 8세기 중엽 경덕왕대에 보충한 것이 합리적인 해석이라 하였다.[72]

지금은 귀부(龜趺)만 남아 있지만, 성덕왕릉에 비석이 세워진 것은 성덕왕이 죽은 지 18년 뒤인 754년(경덕왕 13)이었다. 이즈음 경덕왕이 아버지인 성덕왕의 무덤에 새로 십이지신상을 배치하고 비석을 세운 뒤에 다시 그 할아버지인 신문왕의릉까지 보수했다는 것이다. 이 추정에 따르면 현재 사천왕 터 남쪽에 있는 신문왕릉은 신문왕릉이 아니며, 십이지신상이 발견된 황복사 터[73] 동쪽

---

70) 경덕왕은 그 13년(754)에 성덕왕릉을 인도의 산치탑 모양으로 꾸미기 시작했다. 전륜성왕의 능답게 애초 둘러놓은 봉분 주변에 판석(板石)으로 된 호석(護石)을 세워 난간을 더 두르고, 난간과 봉분 사이에 박석(薄石)으로 지면석(地面石)을 깔아 회랑(廻廊) 형태의 요도(繞道)를 만들어 산치탑의 난간과 요도를 방불케 한 것이다.
　최완수의 우리문화 바로보기(18), 성덕왕릉에 십이지신상이 세워진 까닭, 왕릉 주위에 장엄 구조물과 난간석은 왕즉불사상의 구현이 일부 실현된 것으로 보인다.

71) 姜友邦,「統一新羅 十二支神像의 樣式的 考察」,『考古美術』, 154・155합호, 韓國美術史學會, 1982. 姜友邦,「新羅 十二支像의 分析과 解釋」,『佛敎美術』1집, 東國大學校博物館, 1973. 姜友邦,「統一新羅 十二支像의 樣式的 考察」,『圓融과 調和』, 열화당, 1996.

72) 崔珉熙,「聖德王陵 造營과 12支神像의 出現」, 경주대학교 문화재학과 석사학위 논문, 1999, p.6.

73) 경주 낭산 자락에 있는 구황동 삼층석탑에서 북쪽 방향에 돋을새김 한 십이지신상들이 발견되었다. 북쪽의 서편으로부터 해상(돼지), 자상(쥐), 축상(소), 동쪽에

이라는 결론이 나온다. 그리고 이렇게 십이지신상을 추가하게 된 목적이 무덤을 장엄하게 꾸밈으로써 국왕의 권위를 드높이려는 데 있었다고 추정한다.

성덕왕릉(聖德王陵)의 호석(護石)으로 두른 십이지상은 당대의 역작으로 손꼽힐 수 있을 것이다. 이상들은 이국적인, 즉 인도의 대왕초상조각(大王肖像彫刻)의 전통이 강하게 나타나는 조각인데, 위풍당당한 풍모하며, 강건한 체구 등은 물론이고 힘차고 묵중한 선의 처리 등에서 담대하고 늠름한 장군의 모습을 잘 표현하고 있어서, 앞의 이상적이며 사실적인 조각을 충실히 따르고 있음을 잘 알 수 있다.[74] 성덕왕릉 십이지신상의 형식을 살펴보면 무복의 형식을 취하고 있으며, 상의로부터 귀면 문양[75]의 갑옷을 갖추고 있다.[76] 유상(酉像) 같은 것은 감은사지의 금동사천왕의 증장천처럼 허리띠의 중앙에 귀면장식이 있다. 또 김유신 장군 묘 주위에서 출토된 납석

는 묘상(토끼), 사상(뱀), 오상(말), 미상(양) 등이 있었는데 현재는 모두 다 매몰되어 있다. 동국대학교 경주캠퍼스 박물관, 『新羅狼山 遺跡調査』, 1985, p.19.

[74] 文明大, 「통일신라시대(統一新羅時代)」, 『韓國彫刻史』, 悅話堂, 1995, p.202.

[75] 孫景穗, 「韓國十二支生肖硏究」, 이대사원 4, 이화여자대학교 사학회, 1956, p.11.

[76] 여기에 대해서는 宋香珍, 「新羅鬼面紋樣에 관한 硏究」, 『慶州史學 第二輯』, 東國大學校 國史學科, 1983에 자세히 잘 설명되어 있다.

제 십이지신상과 흡사한데 복부와 견부에 귀면 갑옷의 문양이 거의 같다. 성덕왕릉의 십이지신상은 비록 직입상이지만 신장상이 지니는 당당한 위용을 훌륭한 조각을 통하여 과시하고 있을 뿐 아니라 무복의 형식은 모두 다르게 다양하게 계획되었으며, 칼을 잡은 자세가 모두 달라 비록 직립상이라 하더라도 다음으로 옮겨 가는 행동의 첫 순간을 내재하고 있다. 오상(午像)을 정남에 두고 일정한 간격으로 둘려졌다. 이 십이지신상들은 신상(申像 원숭이)[77]과 유상(酉像 닭)만이 완전히 남아 있고 다른 나머지 상들은 목을 잃어버린 채 파손되어 현 위치에 있는데, 이 두 완전품은 환조(丸彫)되어 특히 조형미가 있고 당당하다. 그중 신상(申像 원숭이상)은 현재 국립중앙박물관으로 옮겨져 보관 전시되어 있다. 이 십이지신상들은 머리 부분에 비해 몸체가 풍성하고, 목은 거의 없다고 할 정도로 건장한 체구를 지니며, 깊은 육각(肉刻)으로 표현한 것은 더욱 돋보이고 있다. 자세는 두 손을 복부에 모아 칼자루의 앞을 거머쥐고 있는 모습을 하고 있다. 이 독립상들은 이동되지 않도록 밑에 다리가 약 45cm 정도 달려 있다. 이들이 위치한 바닥판석도 장방형의 구멍이

---

77) 일부 책에서는 申像을 未像이라 잘못 설명하고 있다.

뚫려있다. 자상(子像, 쥐)은 몸이 깨어져 있으며, 축상(丑像, 소)은 자세히 보면 보주를 두 손에 들고 있다. 인상(寅像, 호랑이)은 왼발을 약간 내밀고 있고, 진상(辰像, 용)은 오른손에 보주를, 사상(巳像, 뱀)은 왼손에 보주를 들고 있다. 오상(午像, 말)은 부서져 알 수 없다. 술상(戌像, 개)도 역시 보주를 들고 있다. 이 보주들은 사찰에 사천왕문을 들어서면 사천왕이 들고 있는 보주와 연관 관계가 있는지 연구의 대상이 된다. 현장에서 살펴보고 다른 분들과의 이야기를 통해서 들은 내용을 정리하여 다소 차이가 있을지도 모른다. 이제 마지막으로 성덕왕릉의 십이지신상이 갖는 특징과 제도사적 의의를 알아보면 우선 환조형 십이지신상이 나타난 것은 이것뿐이라는 것과 당의 능묘제도를 받아들여 석인, 석사자, 석비 등을 갖춤으로써 우리나라에서 처음으로 중국식 능묘제도를 구현했다[78]고 볼 수 있다. 98경주세계문화 엑스포에서 광장에 세워 놓았던 십이지신상은 평복 복장으로 김유신 묘에서 볼 수 있는 형식이나 입체, 즉 환조로 표현하여 나타낸 것[79]은 성덕왕릉의 형식을 취하고 있다. 이곳에서

---

78) 齋藤忠, 『新羅文化論考』, 吉川弘文館, 1973, pp.197～198. 李根直 엮음, 『吐含山地區踏査資料集2』, 慶州博物館會, 1996, p.11.

79) 경주 고속도로 톨게이트 나들목(IC) 들어가는 입구 쪽 길가에 십이지신상이 있

무복 형태의 십이지신상이 처음으로 출현한 것[80]으로 보인다. 이 십이지신상이 조성된 시기를 두고 성덕왕의 맏아들인 효성왕(737~742) 때 호석(둘레돌)과 삼각형 받침돌 요도 등이 만들어졌고, 성덕왕이 세상을 떠나자 둘째아들인 경덕왕이 비석을 세우면서 함께 십이지신상을 설치한 것으로 추정된다.[81]

성덕왕릉 전경

으며, 인천 국제공항에도 반인반수(半人半獸)의 환조로 설치되어 있다.

80) 崔珉熙, 「聖德王陵의 造營과 12支神像의 出現」, 慶州大學校 大學院 碩士學位論文, 1999, p.24.

81) 김태중, 「신라십이지신상」, 『비화원』 제7호, 안강문화연구회, 2007, p.57.

십이지신상의 형상

2) 원성왕릉元聖王陵 십이지신상

원성왕릉은 경주에서 불국사역을 지나 울산으로 가는 7번 국도변의 왼쪽 낮은 구릉지대에 위치해 있다. 일반적으로 괘릉(掛陵)으로 잘 알려져 있고, 안내간판이나, 모든 설명 자료에 괘릉(掛陵)이라 설명하고 있으며, 원성왕릉(元聖王陵)으로 추정된다고 설명하고 있다. 괘릉(掛陵)이란 '시신을 넣는 관을 매달아 놓는 왕릉'이란 의미가 있다. 왕릉의 위치에 대해서는 『삼국사기』에 원성왕이 재위 14년(798) 돌아가시자 유명(遺命)에 따라서 봉덕사(奉德寺) 남쪽에 화장하였다고 기록하고 있다. 『삼국유

사』에는 왕릉은 토함산 서쪽 곡사(鵠寺)에 있는데, 최치
원의 비가 있다고 한 것으로 보아 지금의 숭복사를 말하
는 듯하다. 『동경잡기』에는 경주부의 35리에 있는데 어
느 왕의 능인지 알지 못한다고 하고 괘릉의 위치를 기록
하고 있다. 앞서 성덕왕릉에서 살펴본 바와 같이 이곳에
도 동서로 약 30m 정도를 사이에 두고 북쪽으로부터 돌
사자 두 쌍, 석인 한 쌍82), 서역인(西域人) 모습의 석인
(石人) 한 쌍, 능 입구의 신도(神道)임을 알리는 화표석
(華表石) 등이 마주 대하고 차례로 위치해 있다. 이 석조
물들은 조각수법이 매우 당당하고 치밀하여 이와 같은
유형의 신라 조각품 가운데 가장 우수한 것으로 손꼽히
고 있는데 현재 보물 제1427호 석주와 석상이 일괄 지정
되어 있다. 신라 제38대 원성왕(785~798)은 이름은 경
신(敬信)이고, 내물왕(奈勿王)의 20세손이며 어머니는 박
(朴)씨 계오(繼烏) 부인이다. 재위 기간 동안에 독서삼품
과(讀書三品科)를 신설하고, 영천의 청제못(경상북도 기
념물 제152호), 김제의 벽골제(碧骨提 사적 제111호)를
늘려 쌓는 등 많은 업적을 남겼다. 통일신라왕릉의 대표

---

82) 석인상의 얼굴 부분에 쓴 관 전면 중앙을 차지한 곤충을 국립경주문화재연구
　소가 3D 스캔을 최근 실시한 결과 기존에 매미라 보는 주장이 아니라 벌일
　가능성이 큰 것으로 나타났다.

적인 이 능묘제도는 당나라와의 문물교류를 통해 당의
능묘제도를 받아들여 이루어진 것이다.[83] 십이지신상과
석사자 등을 배치하는 것은 이미 살펴본 성덕왕릉의 예
와 같이 신라인의 창안(創案)이며 각종 석조물에서 보여
주는 뛰어난 조각수법은 당시 신라인의 고도로 발달한
예술적 경지를 잘 보여 주는 좋은 예라 할 수 있다.

능묘에 배치된 십이지신상은 따로 조각하여 배치하였
던 성덕왕릉의 형식을 탱석(撑石)에 직접 조각하는 형식
으로 한층 더 발전시킨 것이다. 또한 서역인 모습의 석
인[84]을 통해 그 당시의 문화교류 및 문물 교류를 알 수
있다. 이제 십이지신상에 대해서 좀 더 자세히 살펴보면
다음과 같다.

원성왕릉의 십이지신상은 지금까지의 십이지신상과는
달리 두부(頭部)보다는 하체에 더 육중한 감을 주고, 갑
옷의 무늬 등도 많이 생략한 느낌이 들지만 표정이 매우
실제적이고 전체적으로 운동감이 잘 표현되어 변화감을
느끼게 한다. 전체적으로 보면 원성왕릉 십이지신상은

---

83) 박경원, 「統一新羅時代의 墓義石物石人石獸研究」, 『考古美術』 154·155
　　합호, 韓國美術史學會, 1982.
84) 西域人 모습을 한 石人을 처용이니, 아랍상인이니, 위구르인이니 했으나, 閔
　　丙勳은 東西文化交流를 통해 소그드 상인이라 확실히 설명하고 있다.

정교한 세부적 표현보다는 단순하고 중후한 양식을 이루고 있다.

무복(武服)의 형식에서는 허리띠의 천의(天衣)가 양발 옆으로 조용히 흘러내려 좌우로 벌리되 과장된 표현은 없으며, 긴 소매는 유연한 곡선을 이루며 흘러내려 끝이 말리고 있어서 성덕왕릉의 경직된 긴 소매와 비교하면 꽤 장식적으로 변화하고 있음을 알 수 있다. 탱석에 두 칸 건너 하나씩 무복을 입고 무기를 잡고 있는 십이지신 상의 조각수법은 통일신라 십이지신상 가운데 우수한 것으로 인정되고 있다. 한 가지 아쉬운 것은 직접 현장 답사 결과 십이지신상 가운데 일부가 훼손이 심하고 특히 일부 상에서는 탁본 흔적으로 보이는 먹물이 심하게 남아 있는 것을 볼 때 아쉬운 점이 많았다. 이곳의 십이 지신상들은 남쪽의 오상(午像 말)을 중심[85]으로 되어 있는데 오상(午像 말)은 정면을 바라보고 있으며, 나머지 상들은 모두 이 상을 중심으로 머리를 다 왼쪽으로 돌리고 있다. 즉 오상을 중심으로 오른쪽으로는 사(巳, 뱀), 진(辰, 용), 묘(卯, 토끼), 인(寅, 호랑이), 축(丑, 소) 자

---

85) 대부분 십이지신상이 남쪽의 말(午)을 중심으로 기준을 잡으나 예외로 쥐(子), 닭(酉) 상을 기준으로 두는 경우도 있고 얼굴도 한 방향으로만 바라보는 경향이 나타난다.

(子, 쥐) 왼쪽으로는 미(未, 양), 신(申, 원숭이), 유(酉, 닭), 술(戌, 개)인 것이다. 십이지신상 중에는 아주 우수한 조각이다.

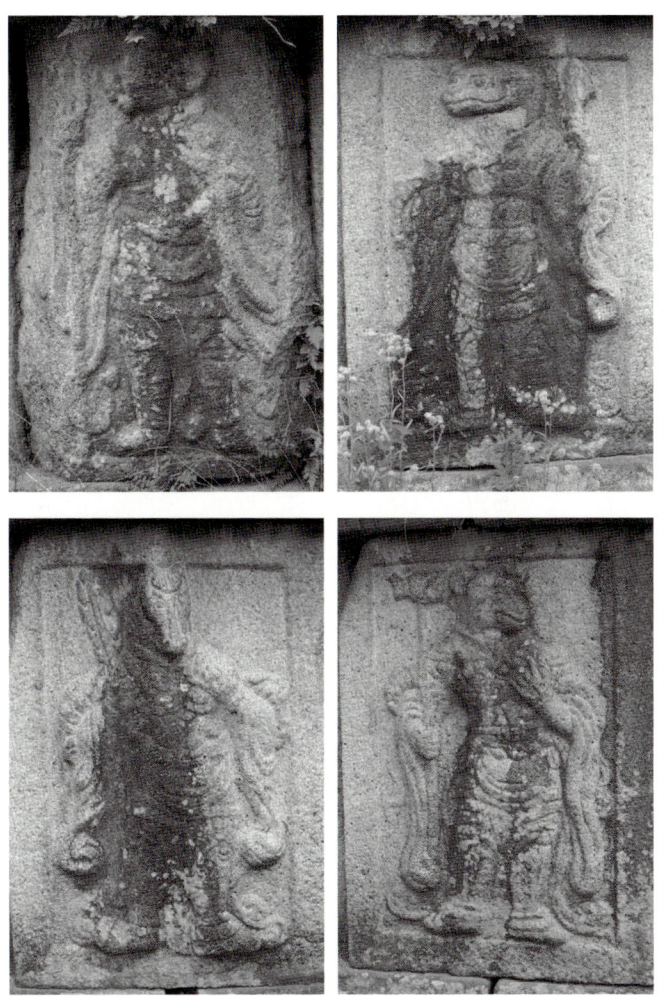

3) 경덕왕릉景德王陵 십이지신상

경덕왕릉[86]은 경주 내남면 부지리 야산에 있으며, 원형 봉토분이다. 현재 사적 제23호로 지정되어있다. 신라 제35대 경덕왕(景德王 742~746)은 아버지는 성덕왕이요, 어머니는 소덕태후이다. 효성왕(孝成王)의 친동생으로 왕위를 계승하여 국가의 제반제도를 중국식으로 개편하고, 지방제도를 완비하였다. 굴불사(掘佛寺)를 처음 짓고 불국사(佛國寺)를 중창하였으며, 황룡사(皇龍寺) 대종과 성덕대왕 신종을 만든 바 있다. 왕릉은 구릉의 경사면을 편평하게 흙을 깎아 축조[87]했으며, 맨 아래에 지대석을 놓고 면석과 탱석을 교대로 세우고, 탱석 두 칸 건너 하나씩 무기를 든 십이지신상(十二支神像)을 돋을새김 해 놓았다.[88] 왕릉의 위치에 대해 『삼국사기(三國史記)』에 '모지사(毛祗寺)[89] 서쪽 산봉우리에 장사지냈다.'는 기록이 있고, 『삼국유사(三國遺事)』 왕력(王曆)에

---

86) 현재 경덕왕릉이라 지정된 것을 일부 학자는 김유신 묘로 추정하기도 하였다. 文暻鉉, 金庾信興武王陵, 新羅王京五岳研究, 2004, 慶州市, p.157.

87) 경덕왕릉은 주변으로 보아 풍수지리설이 도입되어 실제 행하였던 것으로 볼 수 있다. 李炳燾, 『高麗時代研究』, 아세아문화사, 1980.

88) 김환대, 『신라왕릉』, 한국학술정보, 2007, p.96.

89) 경주지역에는 현재 모지사로 추정되는 절터는 없다. 이근직, 「新羅王陵의 起源과 變遷」, 嶺南大學校大學院 博士學位 論文, 2006, p.272.

는 '처음에 경지사(頃只寺) 서쪽 봉우리에 장사 지내고 돌을 다듬어 능을 만들었으나 뒤에 양장골 가운데에 이장했다.'고 전한다. 왕권의 절대화가 가장 완벽하게 이루어졌던 시기에 성덕왕 치적과 경덕왕의 왕성한 의욕으로 신라의 문화는 한층 더 황금기로 접어들었다.

이 시기에는 당의 문화와 인도 문화, 그리고 페르시아 문화까지도 받아들이고, 소화해서 신라화시키는 이른바 국제적인 신라문화가 이루어졌다. 이런 것으로 볼 때 경덕왕대의 사회적 평화와 정치적 안정, 이 모든 것이 십이지신상 조각에 반영되어 나타났다면 지금의 경덕왕릉 십이지신상의 수법과는 맞지 않으며, 또한 이 시기의 사회적 배경으로 보아 십이지신상 조각에 나타나는 것은 무복이 아닌 평복이 나타나야 되지 않을까 생각된다.[90] 당시의 사회적 배경과 사상이 어느 정도 반영되어 나타났다면 무덤의 주인공이 백성을 보호한다는 의미에서 평복상이 나타나야 될 것으로 보이며, 그렇지 않으면 무덤의 주인공이 무복을 한 십이지신상으로부터 보호를 받겠다는 의미에서 해석되어 당시의 사회상과는 거리가

---

90) 여기에 대한 또 다른 의견으로 十二支神像이 武服으로 나타나는 이유를 경덕왕 시대에 한층 강화된 전제왕권을 밖으로 과시하려는 뜻에서 새긴 것으로 보고 있다. 국립경주박물관, 『경주이야기』, 1996, p.139.

있지 않나 생각된다. 성덕왕릉의 비는 『삼국사기(三國史記)』에 경덕왕대에 세웠다고 기록하고 있는데, 이점으로 보아서도 당시는 어느 정도 모든 면에서 불교미술 문화의 황금기임을 알 수 있다.[91] 즉 8세기 경덕왕대[92]에 불교미술이 꽃 피웠다고 해도 과언이 아니다. 이곳의 십이지신상들은 앞서 살펴본 원성왕릉의 것과 매우 비슷하다. 사천왕상과 같은 갑옷을 입은 것으로 표현해 놓았으며, 무기를 다들 잡고 있다. 오상(오상 말)을 중심으로 살펴보면 거의 대부분의 십이지신상들의 기준을 오상(오상 말)으로 삼았다. 오른쪽으로 돌아가면서 사(巳, 뱀), 진(辰, 용), 묘(卯, 토끼), 인(寅, 호랑이), 축(丑, 소), 자(子, 쥐) 왼쪽으로는 미(未, 양), 신(申, 원숭이), 유(酉, 닭), 술(戌, 개), 해(亥, 돼지) 이렇게 되어 있다. 십이지신상은 조각수법으로 보아 신라 하대에 속하는 것으로 보인다.[93]

9세기 초반의 경덕왕릉은 옷깃이 화려하고 문양이 복

---

91) 文漢植, 『新羅景德王代 佛敎美術의 硏究』, 東國大學校大學院 碩士學位 請求論文, 1980.

92) 경덕왕 때의 8세기 중엽에는 원원사탑에 조형예술로서 십이지신상이 나타나고 있어, 경덕왕 때의 전반적인 사회적 배경, 정치, 문화, 경제 모든 분야에 대해서 어느 정도 이해가 필요하다.

93) 崔秉鉉, 「新羅景德王陵」, 『한국민족문화대백과사전』 13, 한국정신문화연구원, 1991, p.726.

잡해지며 왕의 재위기간이 십이지신상의 형식 편년과 차가 있어 왕위의 진위가 의문시되고 있다.[94] 조각의 세부 수법을 살펴보면 사천왕상의 복장을 나타내고 있는데, 복잡한 갑주(甲胄)의 표현과 강한 부조(浮彫)가 특히 그러한 인상을 준다. 그러나 수면(獸面)의 표현이나 자세보다도 신체의 표현, 갑주에 나타나는 문양은 형식화되고 조잡한 감도 없지 않아 있다. 전체적으로 방형석판의 내부에 구획된 곽에 꽉 차게 몸을 맞추어 넣으려는 의도가 보인다. 각기 상(像)마다 특징적인 무기를 손에 쥐고 있는데, 자상(子像)은 마멸이 심하고 뚜렷하지 않아 잘 알아보기 힘드나 양손으로 긴 창을 내리고 있다. 축상(丑像)도 역시 마멸이 심하여 알아보기 힘드나 긴 칼을 양손으로 내려 서 있으며 양발은 서로 다른 각도로 벌리고 있다. 인상(寅像)은 얼굴 부분만 알아보기 힘들며 대체적으로 식별이 가능하다. 양손을 각각 사용하여 칼을 잡고 있다. 묘상(卯像)은 오른손에 금강저로 보이는 것을 받쳐 들고 있으며, 도포자락 표현이 다른 상(像)들과 비교해 볼 때 특이하다. 미상(未像)은 양손으로 칼을 잡았는데 칼은 왼쪽 어깨에서 오른쪽 허리부분으로

---

94) 강정남, 「고분군과 왕릉」, 『慶州文化의 理解』, 중문, 1998, p.107.

대각선으로 세우고 있고, 얼굴은 약간 반 측면이 되게 왼쪽으로 돌리고 있다. 십이지조각 중 가장 뚜렷이 보이고 있다. 오상(午像)은 오른손으로 긴 칼의 손잡이를 잡았는데, 칼끝은 오른발 옆으로 내리고 있으며, 왼손은 어깨 부분으로 올리고 있다. 또한 얼굴을 정면으로 두고 있는 것은 다른 십이지신상의 오상(午像)과 같다. 양발 밑에서는 천의 자락이 나부끼며 위를 향하고 있다. 사상(巳像)은 오른손에 도끼로 보이는 무기를 잡았는데, 그 봉의 하단이 허리춤에 끼워져 있는 모습이다. 왼손은 주먹을 불끈 쥐고 복부(腹部)에 놓여 있다. 진상(辰像)은 손에 긴 여의봉(如意棒) 같은 것을 들고 있으며, 입에서 불을 뿜어내는 듯한 표현을 하고 있다. 신상(申像)은 얼굴을 둥글게 잘 표현했으며, 두툼한 손이 마치 장갑을 낀 것으로 보인다. 양발을 양옆으로 벌리고 서 있다. 유상(酉像)은 양손에 긴 칼과 창으로 보이는 것을 쥐고 있으며 양옆으로 천의가 올라가게 표현해 놓고 있다. 술상(戌像)과 해상(亥像)은 서로 방향을 달리 보고 있다. 이 같이 십이지신상의 각 상(像)들을 특징적으로 살펴보았으나, 경덕왕릉은 전체적인 조각수법으로 보아 형식적으로 흥덕왕릉으로 넘어가는 한 단계의 선상에 놓여 있는

것으로 보이며, 흥덕왕릉의 십이지신상 천의(天衣)에 나
타난 유연한 흐름은 다소 공통점이 있는 것으로 보인다.
십이지신상 갑옷의 치밀한 선은 무디고 형식화가 진행
되어 석굴암 전실의 팔부중상에로 접근하고 있는 조각
양식인 것 같다. 이상적인 경향에서 현실적인 경향으로
변모된 양식을 보여 주고 있는 것 같다.

4) 헌덕왕릉憲德王陵 십이지신상

헌덕왕릉[95]은 분황사에서 보문 쪽으로 올라가다 보면 경주 포항 간 산업도로 사거리가 나온다. 길을 건너서 구황교를 지나면 동천동 쪽으로 가는 길에 헌덕왕릉을 알리는 표지판이 있다. 주차장을 마련해 놓아 이제는 찾아가기 쉬운 곳이다. 동천동 상리마을로 접어들어 동네를 지나 논둑길로 가는 방법도 있다. 신라 제41대 헌덕왕(809 ~826)은 성은 김씨이며 이름은 언승 왕비는 귀승부인이

---

95) 헌덕왕릉 주위에서는 1954년 3월 27일 납석제 십이지상이 출토되어 현재 국립경주박물관에 소장되어 있다.

다. 소성왕의 동복아우이며, 조카인 애장왕을 죽이고 왕위에 올라 재위기간 동안 농사를 장려하고 김헌창과 김범문의 반란을 진압하였다. 당나라와의 원만한 외교관계를 유지하고 국방에 힘써 패강장성(浿江長成)을 쌓았다. 왕릉의 위치에 관해서는 『삼국사기(三國史記)』96), 『삼국유사(三國遺事)』97)를 비롯해 『경상도 속찬지리지』, 『신증동국여지승람』, 『동경잡기』, 『홍지호관』 등 모든 기록에 '천림사(泉林寺) 북쪽에 장사 지냈다.'라고 기록하고 있다. 왕릉 외형은 흙으로 덮은 둥근 봉토분으로 무덤 밑 둘레를 따라 잘 다듬은 판석(板石)을 사용하여 병풍처럼 둘려 무덤의 보호석을 마련하였고, 판석과 판석 사이에는 두 판석을 맞물리게 하는 탱석(撑石)을 끼워 판석을 고정시켰다. 아울러 탱석에는 등 간격으로 방향을 따라 십이지신상을 조각하였다. 위로는 갑석을 올려 보호석을 마무리하였다.

현재 왕릉에는 십이지신상 가운데 쥐(子)상을 비롯하여 소(丑), 호랑이(寅), 토끼(卯), 돼지(亥) 등 왕릉 북쪽의 5개 상(像)만이 남아 있다. 그 밖에는 조선 영조 18년

---

96) 『三國史記』 권제 10(新羅本紀 제10), 憲德王.
97) 『三國遺事』, 王曆 제1 제41대 憲德王.

(1742) 8월 22일에 경주지역 홍수로 인하여 발생한 북천의 범람 시 없어진 것으로 추정된다.[98] 중요한 것은 현재 남아 있는 5개 상(像)은 경주지역 신라왕릉에서 볼 수 있는 유일한 평복차림[平服像]의 십이지신상이다. 머리는 오른쪽 방향으로 보고 있으며, 평복상이 나타나는 중요한 십이지신상임에도 불구하고 여기에 관한 글이나 내용은 현재 매우 빈약한 상태이다. 앞서 살펴본 바와 같이 만약 십이지신상이 정치적, 사회적인 당시의 상황을 반영하였다면 이 왕릉에는 무복상(武服像)이 나타나야 되지 않을까 생각된다. 경주지역에 십이지신상이 조각된 왕릉 중 왜 이 왕릉에만 평복상이 나타나고 있는가. 그것도 시대가 앞선 28대 진덕여왕릉이나, 33대 성덕왕릉, 35대 경덕왕릉, 38대 원성왕릉에서는 나타나지 않았다가 갑자기 헌덕왕대에 와서 평복이 나타나고 있는 것은 왜일까? 또한 평복상의 전통이 다음 왕인 42대 흥덕왕대에는 나타나지 않고 무복상으로 나타나고 있다. 이것은 무엇을 의미하는가. 아마도 평복상이 소멸되어 가는 과정의 일환이 아닌가 싶다. 이것은 앞서 살펴본 바와 같이 평복으로는 아무래도 수호신의 성격을 강하게 표현하기

---

98) 『증헌문헌비고』 권 제70. 산릉 제1 신라 능 묘조에 기록이 잘 나타나 있다.

어려운 한계에 부딪혀 더 이상 전개되지 못하는 양상을 보이는 것은 아닐까? 현재 남아 있는 상(像) 중에서 축상(丑像 소)은 오른쪽 손에 연화(蓮華)를 들고 있고, 인상(寅像 호랑이)은 보주(寶珠)를 들고 있어서, 이미 특정한 불교적 의미를 넘어서서 일반적인 상징으로서 지물(持物)이 표현된 것 같다. 해상(亥像, 돼지)은 칼을 잡고 있다. 9세기 전반인데도 형식은 정교하지 않고 생략이 심하며 의복의 흐름도 사실성을 완전히 잃고 있다.[99)]

왕릉은 현재 동천동의 저지대에 위치하고 있는데, 조선시대 홍수로 인해 왕릉이 유실되어 십이지신상 7상(像)과 성덕왕릉에서 보이는 돌사자와 석인상도 없어졌다. 없어진 석사자 중 한 마리는 현재 분황사 석탑 서편의 기단부에 남과 북으로 위치해 있다고 많이들 소개[100)]하였으나 이렇다 할 만한 증거 자료는 없다. 석인상 중 1구는 현재 경주 중·고등학교 정원에 파손되어 마멸된 채 윗부분만 남아 있다. 왕릉을 두르고 있던 난간석주는 왕릉의 남쪽 가축시험소 서편 누구의 집 음식점 정원에

---

99) 姜友邦, 「統一新羅 十二支像의 樣式的 考察」, 『圓融과 調和』, 열화당, 1990, p.375.

100) 경주대학교 경주문화연구소, 『주제별로 떠나는 경주여행』, 2008, p.114. 이근직 엮음, 『경주의 문화유산』, 경주박물관회, 1998, p.142.

정원석으로 쓰이고 있었으나 행방이 묘연해졌다. 현재의 돌난간은 1970년대 경주 고도 관광종합개발계획에 의하여 정비 보수된 것이다. 2003년 9월 태풍 매미로 인해서 난간석 일부가 완전히 무너진 것을 보수하였고, 없어진 십이지신상은 아직 발견되지 않고 있으나 파손된 채 매몰되었거나 아니면 주변 어디론가 옮겨져 있는 십이지신상을 중심으로 앞으로 연구되어야 할 것이다. 최근 왕릉 앞에는 경덕왕릉 상석을 본떠 만든 새로운 상석[101]이 놓여 있다.

101) 헌덕왕릉 상석으로 추정되는 잔편 부재가 경주이씨 시조 탄강지로 알려진 표암재 뒤편 마당에 있다. 일부 부재이긴 하나 안상(眼象)이 새겨져 있다. 이근직, 「新羅王陵 床石의 등장과 변화」, 『慶州文化論叢』 제8집, 慶州文化院 附設鄉土文化研究所, 2005, p.55. 참고.

5) 흥덕왕릉興德王陵 십이지신상

흥덕왕릉은 경주시 안강읍에서 기계방면으로 가는 국
도를 따라 1km 정도 가면 육통리 입구 도로변 좌측에
흥덕왕릉을 알리는 안내표석이 세워져 있다. 마을로 접
어들면 구강서원(龜岡書院) 입구를 지나 삼거리의 이정
표를 보면서 좌회전하여 마을 안길로 접어들어야 한다.
마을에 들어서면 왕릉 앞에 주차장이 마련되어 있으며,
북쪽의 송림 가운데 위치하고[102] 있다. 어래산(魚來山)

---

102) 이근직 엮음. 「흥덕왕릉(興德王陵)」, 『경주의 문화유산(상)』, 경주박물관회.
    1998, p.61.

의 남동쪽으로 뻗어 내린 구릉지대에 넓은 면적을 확보하고 있는 입지조건을 가지고 있는 왕릉이다. 흥덕왕(826~836)은 성은 김씨, 이름은 수종, 또는 경휘이고 41대 헌덕왕의 아우이며, 왕비는 장화 부인이다.

유언으로 인하여 먼저 죽은 장화 부인의 무덤에 합장하였다는 기록에 따라 이 왕릉으로 비정되고 있다. 왕릉에 관한 기록은 『삼국사기(三國史記)』와 『삼국유사(三國遺事)』에 '안강북(安康北)에 장화(章和)와 합장(合葬)하였다.'라는 기록이 있다. 1977년 8월에 실시한 국립경주박물관과 사적관리사무소의 발굴조사 때 상당수의 비편이 발견됨으로써 흥덕왕릉이 입증되었다.[103] 현재 확인된 바로는 모두 59개의 비편이 국립 경주박물관과 동국대박물관, 인천박물관 및 최남주 씨 등 개인들에게 소장되어 있다. 왕릉의 외부 모습은 비교적 둥근 봉토분으로 무덤 밑 둘레를 따라 병풍처럼 다듬은 板石을 사용하여 왕릉 보호석을 마련하였고, 판석 사이사이에 탱석(撑石)을 끼워 판석을 고정시키고, 아울러 각 탱석에는 방향에 따라 십이지신상을 조각하였다.

흥덕왕릉의 십이지신상은 가장 도식적인 표현을 보이

---

103) 민영규, 「興德王陵碑斷石」, 『考古美術』 7집, 韓國美術史學會, 1961.

고 있다. 자세도 딱딱하고, 옷 주름은 일률적이며, 천의
의 휘날림이나 허리띠의 표현도 대칭적이다. 헌덕왕릉과
달리 무복의 십이지신상을 나타내고 있으며, 기존의 무
복 십이지신상과는 달리 형식적, 양식적으로 변화가 일
어난다. 양식 면에서는 부조(浮彫)가 평면적이 되고, 조
형정신이 따라서 약화되어 약동감이 현저히 결여되고
있다. 반면에 형식면에서는 무복(武服)의 세부가 사실적
이라기보다 장식화의 경향이 일어나고 허리띠는 발 양
옆에 흘려내려 천의(天衣)같이 율동감을 이루며 위로 올
라가 휘날리며 양 어깨의 천의자락도 유려하게 흩날리
고 있다. 이처럼 형식적으로나 양식적으로 변화가 나타
난 것은 9세기 중엽의 조각상을 반영한 것으로 보인다.

　십이지신상이 복잡한 것은 경덕왕릉과 유사하나 여기
서는 이미 문양의 약식화 현상이 나타나고 있어 왕의 재
위 기간과 맞아 떨어지므로 대체적으로 신빙성이 있다
하겠다. 왕릉의 전체적인 형식은 성덕왕릉, 원성왕릉의
형식을 많이 취하고 있으며, 특히 원성왕릉에 나타나는
서역인상과 비교해 볼 때 이것의 서역인상은 조각적인
수법이나 모든 면에서 많이 퇴화되고 서투름을 알 수 있
다. 모든 십이지신상들은 무기를 들고 있는데 그중 자세

히 보면 진상(辰像, 용)은 손을 가슴에 모으고 보주를 받들고 있다. 사상(巳像, 뱀)도 화염보주를 들고 있다. 머리를 한 방향은 경덕왕릉의 배치와 같다. 오상(午像, 말)을 중심으로 해서 오른쪽으로 돌아가면서 사(巳, 뱀), 진(辰, 용), 묘(卯, 토끼), 인(寅, 호랑이), 축(丑, 소), 자(子, 쥐) 왼쪽으로는 미(未, 양), 신(申, 원숭이), 유(酉, 닭), 술(戌, 개), 해(亥, 돼지) 이렇게 되어 있다. 원성왕릉과 같이 석인상과 돌사자가 배치되어 있다.

6) 진덕여왕릉眞德女王陵 십이지신상

진덕여왕릉은 현곡면 오류리에 있다. 진덕여왕(647~654)은 성은 김씨이며 이름은 승만이다. 선덕여왕의 뒤를 이어 왕위에 오른 두 번째의 여왕으로 신라 제28대 왕이다.

『삼국사기(三國史記)』에 죽은 뒤에는 사량부(沙梁部)에 장례를 지냈다고 기록하고 있다. 그러나 현재의 위치와 학계에서 보는 결과는 상반되는 실정이다. 현재 학계에서는 내남면 북부일대, 즉 서남산 일대를 사량부로 보고 있다.[104] 그러나 이병도, 김철준, 김원용 등은 사로 육촌 중 돌산 고허촌인 사량부를 현재의 선도산 일대로 비정하고 있어 현재의 왕릉과는 거리가 맞지 않다.[105] 조유전은 사량부(沙梁部)를 현재의 경주 흥륜사지(興輪寺址) 일대로 추정[106]하고 있어 학자마다 견해의 차이를 보이고 있다. 이러한 정황으로 보아 이 왕릉은 진덕여왕릉이 아닐 가능성이 아주 많다. 오히려 이 왕릉의 주인공은 흥덕왕 이후의 어느 왕에서 찾아야만 호석의 변천

---

104) 이근직 엮음, 「傳眞德女王陵」, 『경주의 문화유산(상)』, 경주박물관회, 1998, p.105.

105) 장정남, 「고분군과 왕릉」, 『慶州文化의 理解』, 중문, 1998, p.107.

106) 趙由典, 「신라진덕왕릉(新羅眞德王陵)」, 『한국민족문화대백과사전』, 한국정신문화연구원, 1991, p.743.

사와 기록 등이 맞아떨어질 것이다.

현재 진덕여왕릉이라 전하는 이 능의 형식은 성덕왕
릉 이후에 유행한 발달된 형식을 취하고 있으며, 무열왕
릉보다 더 발달한 형식인 점은 이해하기가 힘들다. 현
진덕여왕릉에 조각된 십이지신상은 많이 약식화되어 나
타나고 있다. 또한 경주지역에 있는 십이지신상이 조각
된 8기(基)의 능묘(성덕왕릉, 경덕왕릉, 원성왕릉, 헌덕왕
릉, 흥덕왕릉, 김유신 묘, 방형분, 능지탑)들과 비교해 볼
때 조각수법이 가장 많이 뒤떨어지는 9세기 후반기의
경향을 보이고 있다.

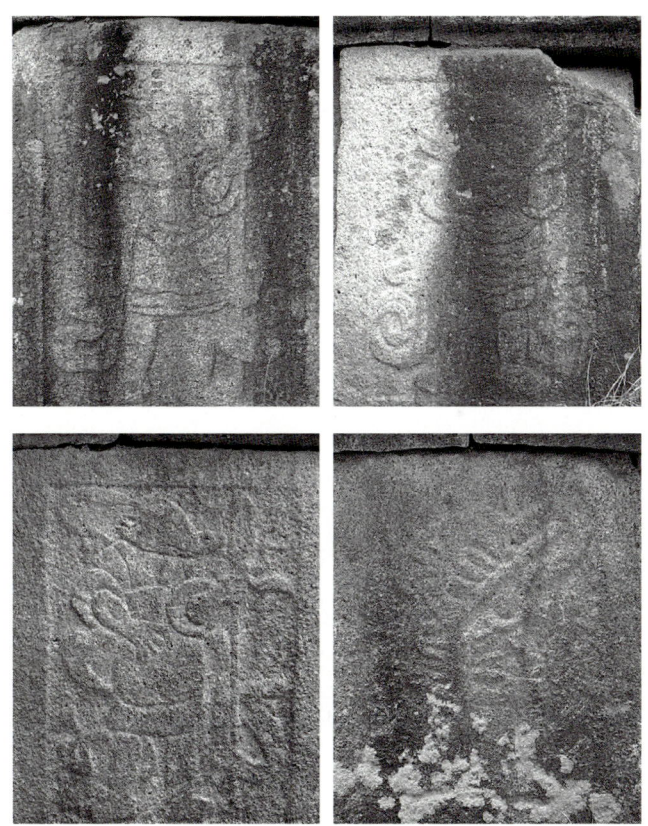

2. 능지탑陵旨塔 십이지신상

　능지탑은 국립경주박물관에서 조금 떨어진 낭산(狼山)에 위치해 있으며, 현 중생사지 마애불로부터 정남방 일직선상에 놓여 있으며, 거리는 마애불로부터 250m 정도의 지점에 있다. 1970년 6월 한국일보사가 벌여 온 신라 삼산 학술조사 사업의 일환으로 문무왕(文武王)의 화장(火葬)터로 추정되어 유구가 발굴, 조사되었다.

　이 탑은 원래는 5층까지 쌓아올린 석탑으로 추정되며, 네모진 탑 기단석 사방에 십이지신상을 배치한 것으로 보이나, 현재는 십이지신상 중 9상(像)만이 남아 있다.

　동면에 인(寅, 호랑이), 진(辰, 용), 남면에 사(巳, 뱀) 상(像) 3구는 결실되고 없어 후대에 석재로 보충되어 있다.

　1980년 여름 장마에 일부가 무너지면서, 십이지신상의 일부가 도난당한 것이거나, 아니면 유실된 것으로 보인다.

　십이지 부조상은 대체로 문복(文服)과 무복(武服), 그리고 조각수법에도 차이가 있어 일정하지 않은 것으로 확인되고 있다. 이들 십이지신상 가운데 북쪽 면 중앙의 자상(子像, 쥐)은 유일하게 문복을 입었고 다른 상에 비하여 크기가 크다. 측면관을 유지한 쥐 모양의 얼굴에는 낮은 귀와 함께 이빨을 나타내었고, 왼손에는 칼을 쥐었으며, 오른손은 도포자락 속에 감추어져 있다. 전체적으로 경쾌한 편이다. 신상(申像, 원숭이)과 오상(午像, 말) 등은 거의 정면을 바라보는 모습이지만, 그 밖에는 대체로 측면 형을 보이고 있다.

축상(丑像 소)은 북쪽의 쥐상에서 우측면 시계방향으로 조금 벗어난 것에 위치하며, 얼굴은 소의 모습이며, 무복을 입었다. 오른손에는 칼을 쥐었고, 왼손에는 보주를 쥐었다. 얼굴은 옆으로 돌려 보주를 향하였고, 사방에 천의를 휘날리는 표현을 했다. 두 발은 옆으로 벌려 힘차게 딛고 서 있다. 외부의 형태 크기가 자상(子像, 쥐)과는 확연히 다르다.

동쪽 우측면에는 인상(寅像)이 놓여야 하지만 결실되어 흰 면석으로 처리되었고, 그 좌측 동쪽 중간에 묘상(卯像)이 위치한다. 두 귀가 인상적으로 잘 표현되어 있으며 왼손에는 도끼 모양 자루를 들고 오른손으로는 받치고 있으며 갑옷과 천의가 잘 처리되어 있다. 오상(午像, 말) 역시 무복을 입고 있으며 오른손으로는 칼을 아래로 비껴 쥐었고, 왼손에는 불꽃 문양을 하고 있는 보주를 쥐었다. 미상(未像, 양)은 무복을 입었으며, 두 손으로는 갈고리 형태의 알 수 없는 무기를 잡고 있으며, 천의가 몸을 휘감고 있다. 서쪽 면 오른쪽 끝 편에 있는 신상(申像, 원숭이)은 무복에 기다란 삼지창을 두 손으로 잡고 있다. 유상(酉像, 닭)은 얼굴을 오른쪽으로 약간 돌리고 있으며, 닭 벼슬 모양이 머리 부분 상하를 잘 표현하였다. 오른쪽 손에는 칼을 거머쥐고, 왼손은 가슴 앞에서 옷을 잡고 있다. 배 부분에는 밧줄을 마치 엮어 놓은 듯한 형태의 문양이 보인다. 술상(戌像, 개)[107]은 역시 무복에 정면관으로 조각되어 있다. 양손에는 봉을 받쳐 들고 있고 상부가 약간 손상되어 있다. 해상(亥像, 돼지)은 측면관으로 앞가슴에서부터 복부를 내민 듯한 자세를 하고 있고 오른손은 도끼 형태의 무기를 들었으며 왼손은 천의를 잡고 있는 형태이다. 갑옷은 두껍게 표현되어 좌우로 길게 처져 있는 듯 보인다. 현재 십이지신상 위에는 연화문이 둘러져 있다.

결과적으로 볼 때 이들 십이지신상은 크기에서도 다

---

107) 사람이 개를 길들인 것은 후기 구석기시대부터이며, 한국에서는 6천 년 이전으로 추정되는 경남 창녕군 비봉리 신석기 유적에서 두개골만 남은 개 흔적이 발견됐었다. 이처럼 개는 죽어서도 죽은 이들의 안내자 또는 지킴이 역할을 했던 것으로 보인다.

소 차이가 있고 몇몇 상(像)에서는 양식도 달리 나타나고 있어 아마도 제짝이 아닌 듯하며 다른 곳에서 옮겨 온 것과 혼합[108]하여 나타낸 것은 아닌지 의문시된다.[109] 양식적으로는 한곳에서 평복과 무복이 같이 나타나는 특이한 형태를 보이고 있어 주목된다. 또한 방분형 묘탑의 일종으로, 방형 석탑에 이처럼 십이지신상을 돌린 것은 아마도 문무왕의 유해를 불태운 장소를 길이 후세에까지 소중하게 보호하기 위하여 그곳에 돌로써 탑을 쌓고 십이지신상을 돌려 통일의 영주다운 묘탑 구축을 하였다고 짐작된다. 이것을 볼 때 신라인의 정중한 장법에 대해서도 알 수 있는 귀중한 자료이다.

---

108) 김환대, 『경주의 문화유적』, 경주문화유적답사회, 2004, p.324.
109) 강우방은 기단부에 계획된 것이 아니고 어느 능의 십이지로 추정하였다. 姜友邦, 「新羅十二支像의 分析과 解釋」, 『圓融과 調和』, 열화당, 1990, p.326.

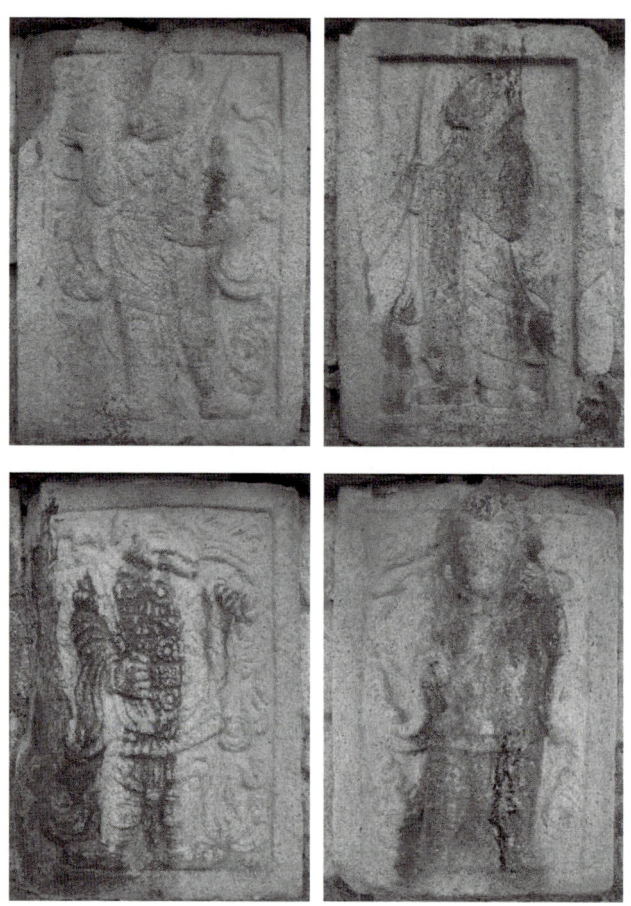

3. 방형분方形墳 십이지신상

경주시 구정동에 있으며, 불국사 역 앞 맞은편 도로변에 위치해 있다. 사적 제27호로 지정되어 있다. 1964년 복원 정화되어 현재의 모습을 갖추었다. 형태가 네모나기 때문에 방형분이라 불린다. 남쪽으로 널길이 나 있고 그 안에 쌍여닫이 돌문이 있는 돌방무덤(石室墳)이다. 한 변이 9m, 높이는 2.7m인 봉토로 되어 있고, 돌방 서쪽에는 주검과 널을 얹었던 돌 받침대가 있다. 바깥 아래쪽은 다듬은 돌로 호석(護石)을 둘렀고 방향에 따라 십이지신상(十二支神像)이 조각되어 있다. 통일신라기의 방형분은 여기 일례뿐인데, 그 당시의 석탑에 나타난 십이지신상 조각의 영향에서 조각수법을 배워 왔다고 생각되며, 이 고분은 전체적으로 통일신라 9세기의 양식을 나타내고 있다. 일부 사람은 김대성의 묘라고 추정하기도 한다.[110] 호석 자체가 소규모이어서 사각 곽에 새겨진 신상도 짤막하게 표현되어 있어 다른 왕릉의 십이지

---

110) 현장에 설치된 문화재 안내문에는 묻힌 사람이 누구인지 알 수 없지만, '통일신라시대의 네모무덤으로 특이한 것이다.'라고 한다.

신상에 비해 웅대한 맛은 그다지 없다. 신장(身長)이 짧게 표현된 반면에 몸체의 폭은 넓어서 몸집에 비해 머리가 너무 크게 표현된 것도 어설프면서도 특징적이라 하겠다. 몸에는 신장(神將)의 갑주가 세세하게 묘사되었고, 옷자락이나 천의(天衣)의 표현도 대체로 충실하게 되어 있으나, 너무 작은 상의 체구에 어울리지 않게 복잡한 감을 다소 주고 있다. 진덕여왕릉의 십이지신상과 같이 작은 규모로 경주지역에서 유일한 네모무덤[方形墳]으로서 주목된다. 또한 현재 국립경주박물관 유물 중에는 이곳 방형분에서 옮겨 온 모서리 기둥돌이 있다. 이 돌기둥에는 다소 크기는 작으나 괘릉에서 보이는 서역인 형태의 무인상과 석사자가 정교하게 새겨져 있다. 현재 남쪽 면의 중앙으로 입구가 개방된 상태로 있어 좁은 공간이지만 내부 안의 석실에 들어가 구조를 볼 수 있게 되어 있다. 십이지신상들은 정면의 입구 쪽에 통로를 마주보고 말(午)과 뱀(巳)상이 있다. 손에는 다 같이 물건을 들고 있고 말(午)상만 정면을 바라보고 있고, 미상(양), 신상(원숭이), 유상(닭), 술상(개), 해상(돼지)은 왼쪽으로 바라보고, 자상(쥐), 축상(소), 인상(호랑이), 묘상(토끼), 진상(용), 사상(뱀)은 반대로 오른쪽을 바라보고 있다. 들

고 있는 물건들이 다른 왕릉에서와 차이가 나서 비교해
볼 만하다.

능모 십이지신상의 변천 과정 103

④ 김유신 장군 묘 金庾信將軍墓 십이지신상

　　김유신 장군 묘는 현재 경주시 충효동 송화산 줄기가 동쪽으로 뻗어 내린 전망이 좋은 구릉 위에 자리 잡고 있다.

　　김유신 장군은 금관 가야국의 마지막 왕 김구해의 증손이며 신라의 명장이었던 서현 장군의 아들로 진평왕 17년(595)에 태어나 15살에 화랑이 되어서(609년) 17세에 단석산에서 무예를 닦고 수도하였으며, 35세에는 아버지 서현과 함께 고구려의 낭비성을 공격(진평왕 51년, 629년 8월)하여 싸움을 승리로 이끌었다. 김춘추를 도와 태종무열왕이 되게 하고 무열왕과 660년 나·당연합군이 백제를 공격할 때 신라군의 총대장이 되어 계백장군이 거느린 백제군을 황산벌에서 무찔러 승리하였고, 문무왕 8년(668) 고구려를 공략할 때도 신라군 총사령관이 되어 고구려를 멸망시키고 삼국통일의 주역이 되었다. 문무왕으로부터 태대각간이라는 신라 최고의 관직을 받았고, 흥덕왕은 후에 장군을 흥무대왕으로 추봉하였다. 문무왕 13년(673) 79세로 세상을 떠났으며, 경주 사람들은 이 묘를 '각간묘, 각간 선생의 묘'라고도 부른다. 직경 30m나 되는 큰 무덤으로 봉분 아래에는 병풍처럼 판석으로 호석을 설치하였고 호석 중간 중간에 무기를 든 십이지신상을 배치하였다. 능 앞에는 상석과 조선 숙종 36년(1710)에 당시 경주 부윤이던 남지훈이 세운 신라태대각간김유신묘비(新羅太大角干金庾信墓碑)와 맞은편에는 개국공순충장렬흥무왕릉비(開國公純忠壯烈興武王陵碑)가 있다. 능의 크기나 형태로 보아 통일신라시대 왕릉으로 추정된다. 김유신 장군 묘는 한때 이병도 박사를 비롯하여 많은 학자들이 김유신 장군의 묘가 아니라고 주장하기도 하였다. 『삼국유사(三國遺事)』의 기록에 의존하여 이곳으로 비정되고 있다. 묘 아래에는 금산재가 있다. 『삼국사기』에는 「장간금산원(葬干金山原)」이라 하였고, 『삼국유사』에는 「서산모지사북동향주봉(西山毛只寺北東向走峯)」이라 하였는데, 특히 『삼국사기』에는 '문무왕이 그의 부음을 듣고 채백(彩帛) 1천 필과 조(租) 2천 석을 증부(贈賻)하고 군악고취(軍樂鼓吹) 100인을 보내 금산원(金山原)에 예장(禮葬)하고, 유사(有司)로 하여금 비를 세워 기공(紀功)을 기명하고, 민호(民戶)를 배정하여 묘를 수호하게 하였다.'고 기록하고 있다. 김유신 묘 십이지신상의 조각 수법은 평면 부조(浮彫)이지만, 조각 솜씨가 매우 완숙한 경지에 있고, 자태가 유려(流麗)한 것이 통일 신라기의 조각 중에서도 뛰어난 작품이라 할 수 있다. 일반적으로 우리나라 십이지신상 중 평복이 가장 먼저 등장한 것은 김유신 묘로 보고 있다.

이곳에서는 무기를 들지 않은 평복 차림의 십이지신상이 표현되고 있어서 중국 당대의 십이지 도용(十二支 陶俑)과 가장 근접시켜 볼 수 있다. 또한 이곳에서는 지석의 성격도 함께 지닌 납석제(蠟石製) 십이지신상이 발견되었는데, 우리나라 십이지신상 조각 중에서도 가장 이른 시기의 작품으로 생각된다.[111] 그중 납석제 십이지 해(돼지)상[112]은 바닥 위에 서서 허리를 약간 뒤로 젖힌 자세나 양팔에서 휘날리는 동적인 옷자락은 신라시대 조각술의 우수성을 잘 보여 주고 있다. 신라인들의 깊은 신앙도 함께 느낄 수 있는 좋은 예라 하겠다. 이것은 능묘가 조성된 이후 보충한 것으로 보인다.

현재 김유신 묘에 나타난 십이지신상 조각은 혜공왕(惠恭王: 765~780)대인 8세기 후반으로 보는 견해와 김

---

111) 대체로 8세기 중엽경의 제작으로 추정하고 있다.

112) 현재 국립경주박물관에 소장 중인 이 像은 일부 책에서는 憲德王陵 出土 蠟石製像으로 잘못 설명하고 있으며, 또한 혼용하여 설명한 책도 있다. 또한 일부 책에서는 '子像(쥐), 午像(말)이 출토되었다.'하고, '卯像(토끼), 午像(말) 두 개가 출토되었다.'고 기술한 책도 있다.

유신이 죽은 후에 묘를 보수하면서, 조각한 흥덕왕 때로 보는 견해와 석물의 배치와 조각 솜씨로 보아 효소왕 때일 것이라는 주장이 있다.[113) 이에 대해서 강우방은 현 김유신 묘는 원래의 모습이 아니라 36대 혜공왕대에 후에 개수되었다는 설을 제기하였고, 권오찬도 비슷한 맥락에서 긍정론을 피력한 바 있다. 이외에도 흥덕왕(826~836)대로 보는 견해와, 둘 다 수용하여 설명한 예도 있다. 즉 혜공왕 때이거나 흥무대왕으로 추봉되는 흥덕왕대에 이루어진 것으로 추정하였다.[114) 이 설대로 생각해 보면 35대 경덕왕, 38대 원성왕, 41대 헌덕왕, 42대 흥덕왕릉으로 이어지는 십이지신상 사이에 나타나는 아주 중요한 요인이 된다. 이것으로 볼 때 어느 정도 조각적으로나 시대적 상황으로 보아 맞지 않나 생각되나, 아직은 정확히 결론적으로 말할 수 없다. 한 가지 의문점이라면 우리가 잘 알고 있듯이 29대 무열왕(654~661)과 김유신(595~673)은 동시대에 활동한 인물들이다. 그럼에도 불구하고 현재 태종무열왕릉과 김유신 장군 묘의 형식은 누가 보더라도 많은 차이를 보이고 있다. 이것은 무엇을 의미하

---

113) 임영식, 「송화산과 김유신묘」, 『휘로스』제3호, 문화중・고등학교, 1996, p.80.
114) 김태중, 「신라십이지신상(新羅十二支神像)」, 『비화원』제7호, 안강문화연구회, 2007, p.90.

는가? 현재의 김유신 장군 묘의 논쟁이 끊이지 않는 이유도 여기에 있지 않을까? 만약 지금의 김유신 장군 묘가 진짜라면 어느 왕릉에 못지않게 호화로운데, 그것은 시대적 상황을 반영하였을까? 의문이 가며, 납석제 십이지신상의 출토는 호석에 나타난 십이지신상과 시대적으로 동시대일까? 아니면 십이지신상 발달에 있어 어느 것이 먼저 출현했을까? 하는 많은 의문점들이 아직 남아 있다. 십이지신상에 대해 알아보면 두상(頭像)은 동물의 측면에서 사실적으로 묘사하였고, 신체는 인신(人身)을 거의 정면으로 표현하였는데, 이러한 반측면적인 조각은 고대(古代)의 표현 방법에서 많이 발전된 그리스 조각의 표현 법임을 알 수 있다. 또한 신체에 걸친 의상의 표현도 통일신라시대 불상의 주름이나 천의(天衣)에서의 양식과 비슷하며, 신체의 비례도 잘 어울려 다른 곳의 십이지신상과 비교해 볼 때 우수하다고 할 수 있다. 이 십이지신상은 다른 왕릉의 경우는 갑주무장상(甲胄武裝像)인데 비하여 평복에 무기를 들고 있으며, 모두 머리는 오른쪽을 향하고 있고, 몸[身部]은 을자형(乙字形)으로 틀었다.

결론적으로 지금 김유신 장군 묘에 나타난 십이지신상 조각은 아마도 그가 죽은 다음 묘가 다시 꾸며져서 나타난 것으로 생각된다.[115] 왕릉의 격식에 따른 결과로 그렇게 나타난 것이기 때문이다. 또한 통일 이후 신라의 자신감의 표현이기도 한 것 같다. 주인공의 진위가 의문시되는 상황에서 십이지신상 조각 수법으로만 보아서는 여러 가지 문제가 많다.

---

115) 백유선·신부식 외「김유신 장군 묘」,『청소년을 위한 한국사』, 두리, 1999, p.451. 사단법인 한국문화원연합회「김유신 장군 묘」,『한겨레를 한나라로. 김유신편』, 명문당, 1998, p.14. 이 외의 대부분의 책에서도 이와 비슷한 의견을 제시하고 있다.

5. 낭산狼山 황복사지皇福寺址 십이지신상

　이 십이지신상은 경주시 구황동 101번지 일대에 있으며, 주변에는 국보 제37호 경주 구황리 삼층석탑(황복사지 삼층석탑)이 있다.

　이 십이지신상은 1928년 처음 발견 되었다고 전하며, 1968년 5월 신라 삼산오악 학술조사단이 조사한 결과[116] 당시에는 북쪽에 亥(돼지), 子(쥐), 丑(소) 상반부가 결실된 상 1구, 동쪽에 卯(토끼), 巳(뱀), 午(말), 未(양) 등 모두 8구의 십이지신상(十二支神像)이 확인된 바 있다. 1982년 동국대학교 경주캠퍼스 박물관에서 실시한 지표조사[117]에서는 (돼지), 子(쥐), 丑(소), 巳(뱀), 午(말), 未(양) 등이 확인되어 卯(토끼) 상이 확인되지 않은 것으로 보아 상황을 자세히 알 수 없다.

　당시에 조사된 상으로 보아서는 평복을 입고 있으며, 손에는 거의 무구(武具)를 잡았으며, 다른 한 손에는 연화(蓮花)나 보주(寶珠) 같은 것을 들고 있었다.[118] 그 뿌

---

116) 黃壽永,「新羅 皇福寺址의 調査」,『佛敎와 美術』, 悅話堂, 1977, pp.140~143.

117) 張忠植,『新羅狼山遺蹟調査』, 東國大學校慶州캠퍼스博物館, 1985.

리가 모두 1미터가 넘는 것들이며, 기본적으로 모두 능묘호석의 석물들이 이곳에 산재해 있는 셈인데 둘레가 전김유신장군묘 보다 약간 큰 약 51미터 정도의 규모를 가졌던 왕릉으로 추정된다.[119) 조각 수법으로 보아서는 김유신 장군묘 보다 오히려 조금 앞선 8세기 중엽경에 작품으로 추정된다.[120)

2002년 7월 16일 문화재청 사범단속반과 함께 국립경주문화재연구소에서 현장 조사를 실시하였다.[121)

2009년 2월 현재 현장에는 巳(뱀), 午(말) 상(像)의 윗부분만 일부 드러나 있는 상황이다. 이 십이지신상의 성격에 대해서는 신라 왕릉의 호석(護石)으로 보는 견해[122)와 건물의 기단부에 사용된 것으로 추정한 견해[123)

---

118) 黃壽永, 「신라 황복사지의 조사」, 『黃壽永全集 5 한국의 불교미술』, 혜안, 1997, p.258.

119) 이근직 엮음, 『경주의 문화유산』, 경주박물관회, 1998, p.208.

120) 성덕왕릉과 전김유신묘 사이에 조영된 것으로 보고 있다.

121) 國立慶州文化財研究所, 『年報』제13호, 2003, p.79.

122) 推定 神文王陵의 十二支로 보았다.(姜友邦, 「新羅 十二支像의 分析과 解釋」, 『圓融과 調和』, 열화당, 1996, pp.319~323.) 주변에 왕릉(王陵)으로 추정되는 것이 있어 『三國史記』에 기재된 경명왕릉(景明王陵) 또는 이름을 알 수 없는 어떤 왕릉에서 옮겨왔을 가능성이 있다.(國立慶州文化財研究所, 『年報』제13호, 2003, p.80.) 난간석이 설치되지 않았을 가능성이 높으며, 이는 왕릉이 아님을 증명하는 것으로 한편으로는 왕비릉일 가능성을 높게 한다. 전 김유신묘와 거의 비슷한 시기이나 조금 앞서 조영된 것이며 그 규모는 성덕왕릉의 직경 보다 좀 더 확대된 것이다.(李根直, 『新羅 王陵의 起源과 變遷』, 嶺南大學校 大學院 文化人類學科 博士學位論

가 있다. 주변을 다시 조사하여 정확한 성격을 규명하고, 보호 대책을 강구하여 보존 관리하는 방안이 마련되어야 할 것이다.

현재 윗부분 일부만 드러난 午(말) 상(像)

현재 윗부분 일부만 드러난 巳(뱀) 상(像)

文, pp.230~232.)

123) 고유섭은 십이지상이 약사여래의 권속이어서 약사여래 신앙의 한 표현으로 인식되어져 추정하였다.

십이지신상 들고 있는 지물(持物) 비고

왕릉	쥐	소	호랑이	토끼	용
성덕왕릉			칼	칼	방망이
경덕왕릉	창	칼	칼	삼지창	창
헌덕왕릉	창?	칼	화염보주	삼지창	
흥덕왕릉	칼	칼	칼	도끼	보주
원성왕릉	창(봉)	도끼	창	칼	삼지창
진덕왕릉	칼	칼	칼	도끼	칼
능지탑	칼	칼, 보주		도끼	
방형분	창	창	칼	도끼	칼
김유신묘	봉?	창	칼	도끼	칼, 보주

왕릉	뱀	말	양	원숭이	닭
성덕왕릉			칼	칼	칼
경덕왕릉	도끼	칼	낫?	긴창	삼지창,칼
헌덕왕릉					
흥덕왕릉	보주	칼	칼	칼	양날도끼
원성왕릉	봉	화염검	도끼	칼	삼지창
진덕왕릉	도끼	칼	창	칼	칼
능지탑		칼	낫	삼지창	칼
방형분	칼	화염검	창	창	도끼
김유신묘	칼	창	칼	칼	긴고리봉

왕릉	개	돼지
성덕왕릉	칼	칼
경덕왕릉	봉	자루봉
헌덕왕릉		칼
흥덕왕릉	화염검	창
원성왕릉	도끼	창
진덕왕릉	칼	창(봉)
능지탑	창(봉)	갈고리?
방형분	칼	칼
김유신묘	도끼	봉, 칼

나가는 말

이제까지 경주지역 신라왕릉의 호석에 조각으로 표현된 십이지신상에 대해 살펴보았다.

십이지신상의 기원 문제는 자료가 저마다 다르고 학자 간의 여러 주장이 있어 견해도 차이가 나며 일정하지 않다.

중국의 십이지신상과 우리나라의 십이지신상 비교를 통해 우리나라의 십이지신상 조각의 독창성과 우수성을 알 수 있었다. 불교와 당나라 능묘 제도의 영향으로 조각된 십이지신상은 신라왕릉의 호석이라는 독창적인 방법으로 창안되어 조각의 우수성을 보여 주고 있다.

통일신라시대 왕릉뿐만 아니라 십이지 조각은 석탑, 석등, 귀부, 부도 등 불교관계 미술품에서도 볼 수 있으나 삼국시대 능묘 및 불교 건조물에서는 십이지상의 조각을 거의 찾아볼 수 없다. 이것은 삼국을 통일한 신라의 사회적 배경과 나라의 안정된 분위기에서 여러 조형물에 나타나기 시작한 것으로 보인다. 십이지신상 조각에 대해서 다양한 각도로 보았으나 미흡한 점이 많았고,

여기서 미처 다루지 못한 내용은 너무나 많으나 자료의 부족과 노력의 부지로 마무리하지 못하였다. 우리나라 십이지신상이 나타난 8세기 신라 경덕왕대의 불교 미술과 십이지신상을 연관시켜 앞으로 더욱더 많은 연구가 있어야 하겠다. 이제까지 논의한 사항들을 요약하여 결론을 대신 하고자 한다.

첫째, 기존 신라왕릉에 풍수지리설 도입의 견해는 다소 있으나 전 김유신 묘, 경덕왕릉에서는 풍수지리설이 강하게 나타나고 있음을 알 수 있고, 당(唐)과의 교류 이후 더욱 그러한 현상이 반영되어 나타나는 듯하다.

둘째 경주지역에서는 신라왕릉 호석에 십이지신상이 많이 나타나는데, 이것은 신라인들의 독창적인 창안이라 할 수 있고, 들고 있는 물건들은 불교와의 관련성도 엿보인다.

셋째, 조형물에서도 작은 크기에 평복을 입은 모습으로 형상화되어 십이지신상 조각이 나타나는데, 이것은 시대적 상황을 어느 정도 반영한 것으로 보인다.

넷째, 시대적 변천에 따라 십이지신상에 대한 개념도 용도에 따라서 다양하게 달리 나타나고 있음을 알 수 있다.

다섯째 십이지신상들이 들고 있는 물건이 각각 다르

게 표현되고 나타나는 것은 당시 만든 조각자의 의도도 있지만, 왕릉을 조성할 때 후대 왕들의 정치적 상황도 문제가 되어 왕릉의 크기에 영향을 미친 것으로 보인다.

여섯째 편년 설정에 있어서는 현재 피장자(주인공)들이 의심되는 왕릉이 많고 학자 간의 견해차도 많아 어려움이 있다.

십이지신상과 사회적, 정치적, 문화적 현상이 시대적 상황을 어디까지 반영하였는지에 대한 여러 가지 문제는 앞으로도 좀 더 많은 연구를 해 나아고자 한다.

참고문헌

김부식 지음, 이병도 역주, 『삼국사기(三國史記)』, 을유문화
　　　사, 1997.

일연 지음, 이민수 옮김, 『삼국유사(三國遺事)』, 을유문화사,
　　　1996.

金元龍 監修, 『한국 미술 문화의 이해』, 예경, 1997.

김병모, 『금관의 비밀』, 푸른역사, 1998.

김규호 외, 『慶州文化의 理解』, 중문, 1998.

하일식, 『경주역사기행』, 그린글, 1999.

윤경렬, 『경주 박물관학교 교본(1)』, 대한인쇄출판사, 1998.

김만희, 『韓國의 十二支神像』, 尙美社, 1983.

文明大, 『韓國彫刻史』, 悅話堂, 1995.

張忠植, 『新羅石塔研究』, 一志社, 1994.

퍼즐트레킹 엮음, 『한국사 여행』, 뜨인돌, 1997.

백유선 외, 『청소년을 위한 한국사』, 두리, 1999.

전국역사교사모임, 『미술로 보는 우리역사』, 푸른나무, 1992.

전국한문교사모임, 『국사 한자어』, 동인서원, 1999.

이종환 편저, 『띠 12동물이야기』, 신양사, 1989.

천진기, 『한국 동물 민속론』, 민속원, 2003.

국사편찬위원회, 『한국사』 7, 1997.

이난영, 『토우』, 대원사, 1991.

金元龍·安輝濬,『新版韓國美術史』, 서울대학교출판부, 1997.

金元龍,『한국미술사』, 汎文社, 1973.

林永周,『韓國紋樣史』, 미진사, 1983.

마이클 설러번 지음, 한정희·최성은 옮김,『중국미술사』, 예경, 1999.

김정희,『신장상』, 대원사, 1994.

김환대,『신라왕릉』, 한국학술정보, 2007.

姜友邦,『圓融과 調和』, 열화당, 1996.

姜友邦,『新羅의 十二支神像』, 近藤出版社, 1980.

李基白·李基東,『韓國史講座①』, {古代篇}, 一潮閣, 1998.

이근직 엮음,『경주의 문화유산』, 경주박물관회, 1998.

오주환 엮음,『문화유산 상식여행』, 이토, 1998.

김희경,『韓國의 美術 2 塔』, 열화당, 1994.

박우인,『古都경주의문화유산을 찾아서』, 드라이브社, 1995.

박우인,『경주 사적지탐방』, 드라이브社, 1999.

김원룡 외,『역사도시 경주』, 열화당, 1984.

경주시,『慶州市誌』, 경주시지편찬위원회, 1971.

경주시,『고도경주』, 1982.

경주시,『慶州市史』, 慶州市史編纂委員會, 2006.

경주군,『慶州郡史』, 경주군사편찬위원회, 1992.

경주문화원,『경주의 옛 사진집』, 1994.

권오찬,『新羅의 빛』, 경주시, 1980.

권오찬,『신라의 빛』, 慶州文化院, 2000.

韓國佛敎研究院,『新羅의 廢寺Ⅰ』, 一志社, 1992.

정영호,『석탑』, 대원사, 1989.

정영호,『부도』, 대원사, 1991.

한국사편찬위원회, 韓國史論 ⑮ 한국의 고고학Ⅲ, 1986.

국립경주박물관,『경주이야기』, 통천문화사, 1996.

국립경주박물관,『다시 보는 경주와 박물관』, 통천문화사, 1994.

文化公報部, 文化財管理局,『文化財大觀 史蹟編(上)』, 1976.

『新羅千年古都慶州』, 고려서적, 1987.

이홍직,『國史大辭典』, 지문각, 1989.

李弘稙,『韓國史大辭典』, 韓國出版社, 1982.

『파스칼 세계대백과사전』, 동서문화사, 1996.

韓國佛敎編纂委員會,『韓國佛敎大辭典』, 寶蓮閣, 1982.

鄭永鎬,『新羅石造浮屠研究』, 檀國大學校博士學位論文, 1974.

文漢植,『新羅景德王代 佛敎美術의 研究』, 東國大學校碩士學位論文, 1980.

李鍾護,「十二干支와 十二支神像의 變遷」,『穿古 第55輯』, 新羅文化同人會, 1982.

姜友邦,「新羅十二支像의 分析과 解釋」,『佛敎美術』 第1集, 東國大學校博物館, 1973.

姜友邦,「統一新羅十二支神像의 樣式的考察」,『考古美術』, 154·155합호, 韓國美術史學會, 1982.

김보형,「통일신라십이지상 도상연구」,『회당학보』 7집, 회당학회, 2002.

朴慶植,「9世紀新羅地域美術의 研究」,『史學志』 28輯, 檀國大學校史學會, 1995.

崔珉熙,「聖德王陵 造營과 12支神像 出現」, 慶州大學校大學院 文化財學科 碩士學位 論文, 1999.

李根直,「新羅王陵의 起源과 變遷」, 嶺南大學校 大學院 文化人類學科 博士學位 論文, 2006.

國立慶州博物館,『국립경주박물관』, 通川文化社, 1984.

國立慶州博物館,『국립경주박물관』, 通川文化社, 1997.

국립경주박물관,『신라인의 무덤』, 통천문화사, 1996.

國立中央博物館,『국립중앙박물관』, 1997.

東國大學校 慶州캠퍼스 博物館,『博物館圖錄』, 1992.

경주지역 신라 고분의 이해

경주지역 신라 고분의 이해

고분(古墳)은 오래된 무덤이란 뜻으로 옛 무덤으로 넓은 의미에서 해석하면 된다. 좁은 의미로는 옛날 왕의 무덤, 귀족의 무덤 등 높은 지위를 당시에 행사하던 사람들의 무덤을 말하기도 한다. 가까운 과거나 현대의 무덤 중에서 역사적 또는 고고학적으로 자료가 되는 분묘를 말한다. 고고학에서는 삼국시대를 가리켜 고분시대, 고분문화라고 한다. 고분(古墳)의 기원은 무덤 중에서 가장 간단한 것은 시신을 땅 위에 놓고 돌로 덮어 버리는 돌무지무덤(적석총)과 구덩이를 파고 흙으로 덮는 구덩무덤(토장묘)이 있다. 후대로 오면서 점차 위를 둥글게 흙을 쌓아 올리게 되는데, 이를 봉토(封土)라고 한다.

고분의 기원은 계급사회가 들어서면서 권력자들의 생전의 권력을 과시하고, 영화를 내세에까지 연장하기 위해 크고 복잡한 무덤을 만들면서부터라고 본다. 신라 고분은 낙동강 동쪽의 묘제로 특히 경주를 중심으로 한 돌무지덧널무덤(적석목곽묘)이 유행하며, 돌곽무덤(석곽묘), 횡혈식 석실분 등이 나타난다.

🔵돌무지덧널무덤 積石木槨墳

　　영남지역에 토광(土壙) 목곽묘를 축조하고 있을 때 4세기 전반기(5세기 초로 보는 견해도 있다.)에 경주시내 평지에는 이른바 적석목곽묘라는 새로운 주 묘제가 출현한다. 대릉원(大陵園) 일대의 천마총과 황남대총, 월성이 자리 하고 있는 일대 지역으로 서천과 남천을 중심으로 고대 중심지라 할 수 있는 왕경 지역에 주로 남아 있다. 4세기부터 6세기에 나타나는 대형의 고분으로 이 고분들의 특징은 출입구가 없고, 많은 부장품(껴묻거리)이 있으나 도굴이 어려우며 합장이 불가능하고 벽화가 없다는 것이다. 예로 인왕동, 교동, 황오동, 황남동, 노동동, 노서동 고분군이 대표적이다. 한 단계 작은 무덤이라 하더라도 부장품으로 순금제 금관 등 각종 금공제품이 출토되고 있다. 여기서 출토되는 많은 껴묻거리는 현재 국립중앙박물관이나 국립경주박물관에 전시되고 있다. 관과 모자, 목걸이, 팔찌, 금 그릇, 은그릇, 일부 제사용구로 보이는 방울, 거울, 그리고 말과 관련된 용구로 발걸이, 말안장, 고삐 등이 출토되었다. 장신구로서 곡옥(曲玉)을 들 수 있는데, 곡옥에는 홍마노(紅瑪瑙), 벽옥(碧玉), 수정(水晶), 유리, 비취(翡翠) 등 각종이 있으나 그중 비취가 양도 많고 대표적이다.

적석목곽분의 기원을 일부 학자는 시베리아 지방에서 찾으려고도 한다. 1973년 경주 종합개발계획의 일환으로 미추왕릉 지구일대 정화사업을 할 때 드러난 고분들은 국립중앙박물관과 여러 대학박물관이 공동으로 발굴·조사하였다. 무덤의 형식은 소형의 돌무지덧널무덤과 독널무덤으로서, 돌무지덧널무덤은 덧널이 하나인 것과 여러 개인 것이 있다. 이 고분들에서는 이제까지 신라 무덤에서 볼 수 없었던 장식보검, 금장 귀면장식, 수레 모양 토기 등의 특이한 유물들이 출토되어 주목을 끌었다.

천마총 天馬塚

　황남동 고분군 중 제155호분으로, 1973년 발굴과정에서 부장품 가운데 말다래(채화장니)가 출토되었는데, 말다래에 날개가 달린 천마가 그려져 있어 천마총으로 불리게 되었다. 천마가 그려진 장니 이외에 기마인물도, 서조도 등도 출토되어 고신라 회화 연구에 중요한 자료가 되고 있다.

  돌무지덧널무덤으로 지상에 높이 2m 정도의 덧널을
짜 놓고 그 안에 널을 안치한 뒤, 이 덧널 위에 높이 약
4m의 돌무지를 쌓고 그 위에 봉토를 덮은 구조로 무덤
전체의 높이는 12.7m, 밑바닥 지름은 51.6m에 달한다.
출토 유물은 대형 돌무지덧널무덤에서 흔히 볼 수 있는
금관, 관장식, 관모, 허리띠, 귀걸이 등의 금제 장신구와
자루솥, 다리미, 솥 등의 청동 용기류, 합 굽다리접시 등
의 금동용기류, 말갖춤류, 무기류, 토기, 유리배, 각종 구
슬 등이 있다. 천마총 금관은 일반적인 신라의 금관과
마찬가지로 관테의 중앙과 그 양쪽에 맞가지의 솟은 장
식, 그 뒤 양쪽에는 두 개의 사슴뿔 장식을 세웠다. 관의

표면에는 금실로 곱은옥과 달개장식을 달았다. 관장식은 2점으로 나비형과 새날개형이다. 2점 모두 순금제로 맞새김한 금판에 달개장식을 매달아 꾸몄다. 금제관모는 T자형과 곱은옥 모양. 당초무늬 등을 맞새김한 얇은 금판 여러 장을 붙여 만든 것으로 크기로 보아 헝겊이나 가죽 등으로 된 모자 위에 부착하여 사용되었을 것으로 보인다. 이러한 금관·관식·관모들은 이전에는 한 세트로 함께 사용되었을 것으로 추정되었으나 천마총에서는 각각 출토 위치가 달라 독립적으로 사용되었던 것으로 보인다. 금관과 함께 항상 같이 나오는 것이 금·은제 허리띠와 띠드리개이다. 신라의 허리띠는 원래 그 기원이 북방 유목민족들이 허리띠에 손칼 숫돌 등을 매달고 다니던 풍습에서 비롯된 것으로, 이 풍습이 중국의 육조시대에 정형화되어 한반도에 전파되었다. 원래 헝겊이나 가죽 띠에 붙였던 금속제 장식구만 남아 있는 것으로, 띠드리개의 끝에는 곱은옥·금판·손칼·물고기·바늘통 등의 장식이 붙어 있다. 한편 천마총에서 출토된 은제 띠드리개의 끝에 붙은 장방형 장식판에는 백제 무령왕릉에서 출토된 띠드리개에서와 마찬가지로 용이 새겨져 있어, 두 나라가 문화적으로 밀접한 관계가 있었음을 알 수 있다. 현재 이곳에 전시되어 있는 유물은 진물이 아니며, 진품은 국립경주박물관에 전시되어 있다. 이 무덤의 주인공에 대해 제20대 자비왕, 21대 소지왕, 22대 지증왕이라는 설이 있다. 고분의 형식으로 보아 5세기 말에서 6세기 초에 축조된 고분으로 추정되고 있다.

유물 출토 상황(천마총 내부)

황남대총 皇南大塚

  현존하는 최대의 고신라 고분으로 두 개의 원분이 남
북으로 연결된 표형(瓢形)분으로 동서지름 80m, 남북지
름 120m, 남분 높이 23m, 북분 높이 22m에 이르고 있
다. 흔히 98호 고분으로 불리며 봉토와 봉토 기저부 주
위에 쌓은 외호석(外護石)의 남북이 연결된 상태로 남분
이 먼저 축조되었고, 북분이 잇달아 뒤에 축조되었던 것
으로 밝혀졌다.

남북분 각각 봉토의 중심부에 목곽과 적석이 설치된 고신라 특유의 적석목곽분으로 두 고분 모두 적석부 내부에서 나무기둥과 기둥 사이를 연결하였던 횡가목(橫架木)의 흔적이 발견되어 목조 가구를 먼저 설치하고 그에 맞추어 돌을 쌓았음을 알 수 있다. 남분의 적석부 안에는 장축을 동서로 둔 주곽과 장축을 남북으로 둔 부곽이 동서로 설치되어 묘곽 주·부곽이 T자형으로 배치되어 있었다. 무덤의 관은 내·외 2중관으로 되어 있으며 내·외곽 사이에는 잔자갈이 채워져 있었고 내관 안에는 장신구들이 확인되었다. 부곽 내에는 주로 토기류가 다량으로 있었고, 특히 비단벌레 날개로 장식된 금동제 안장 등과 각종 마구류와 철기류가 출토되었다. 북분의 적석부는 남분의 북쪽 봉토 일부를 절개하여 축조하였고, 적석부 가운데에 장축 동서방향의 목곽이 하나 설치되어 있다. 목곽 안에는 동쪽을 제외한 나머지 삼면을 잔자갈로 쌓은 평면 'ㄷ'자형의 석단(石檀)이 둘러졌고 그 안에 목관이 놓여 있다. 유물은 남북분 전체를 통해 장신구, 무기, 철기, 토기 등 59,000여 점이 출토되었다. 유리제품은 고대 중국계가 아닌 연리문(練理文)이 시문된 로만글라스 계통으로 실크로드를 통해 전해진 것으로 추정되어 고대 교역 관계를 말해 주고 있다. 남분은 무기와 마구가 다량으로 출토되고 피장자가 대도를 착용하고 있어 남자의 무덤으로 추정되며, 북분은 남분보다 월등히 많은 장신구와 방추차 등이 출토되었을 뿐만 아니라 부인대(夫人帶)란 명문이 있는 은제 과대의 끝장식이 출토되어 여자의 무덤으로 인정되었다. 황남대총은 부부를 함께 묻은 부부 무덤으로 이에 대해 학자에 따라 남분의 주인공을 내물왕으로 보반왕비의 무덤인 북분에서만 금관이 출토된 것은 북분의 피장자가 미추왕의 큰딸로서 내물왕보다 높은 신분이었기 때문에 금관을 착용했던 것으로 보기도 한다. 금관은 왕이 쓴 것이 아니라 왕비가 쓴 것이며, 이는 여계(女系)로 이어지는 시베리아 샤먼의 세습적 전통에 따른 것이라는 견해도 제시했다. 또한 자비왕과 관련된 인물의 묘로 추정하기도 한다. 신라 토기의 편년에 따라 의견이 엇갈리며 5세기 전반으로 많이 편년하고 있으며 최근에는 눌지왕이라는 주장도 있다.

황남대총에서 출토된 금관은 1974년 10월 29일 출토되었는데, 천마총 출토의 금관에 이어 두 번째이다.

금관총 金冠塚

이 고분은 신라 금관(국보 제87호)이 출토되어 붙여진 이름이다. 1921년 9월 가옥공사 중 우연히 발견된 것인데, 이미 파괴된 고분인데다 정식으로 발굴 조사된 것이 아니어서 묘의 구조나 유물의 정확한 상황은 밝혀지지 않았다.

고분은 원형 지름이 50m, 높이 13m 정도이고, 신라 돌무지무덤[積石塚]으로 알려져 있으며, 그 속에 덧널

[木槨]을 마련하여 옻칠한 널[木棺]이 있었던 것으로 추측한다. 이러한 구조와 불교의 영향이 있는 점으로 미루어 보아 통일 신라 이전인 지증왕(智證王)을 전후한 6세기에 만들어진 것으로 추정된다.

출토 유물은 금관을 비롯하여 장신구·무구(武具)·용기 등이며, 특히 구슬 종류만 총 3만 개가 넘게 나왔다. 출토된 유물 중 특히 귀걸이는 매우 특이한 형태인데 천마총에서 출토된 귀걸이는 끝에 곱은옥이나 하트형 모양의 장식이 붙어 있는데 비해 이곳에서 출토된 것은 중간과 끝에 활 모양의 장식이 달려 있다. 팔찌는 겉면이 톱니바퀴처럼 에워져 있고, 반지는 바깥쪽이 마름모꼴이다. 용기류는 금·은제완·금동제합·금동제 뿔 모양의 용기·청동제 국자 등으로 이 중에서 뿔 모양의 용기는 가야의 것과 비슷하며, 국자에도 정교한 무늬가 새겨져 있다. 이 밖에도 네 귀가 달린 항아리와 자루솥 등이 있다.

무기류는 금, 은제 고리칼, 금동제 갑옷 편 등이 있는데 이 중 금동제 갑옷은 주목할 만한 것으로서 우리나라의 갑옷이 대부분 쇠로 만들었는데 비해 금관총 출토품은 장식성이 높은 금동제로서 현재까지 유일한 예이다.

말갖춤류로는 금동제 발걸이, 말방울, 말띠꾸미개, 말띠드리개 등이 있다. 금동제 발걸이와 말띠드리개도 일반적인 경우 대부분 금동제이거나 조개껍질을 이용한 것이 많은 데 비해 금관총에서는 유리가 끼워져 있는 것이 출토되어 그 화려함을 더해 주고 있다.

토기류는 장군형 토기, 뚜껑접시, 손잡이단지 등과 함께 쇠솥의 뚜껑으로 사용되었던 뚜껑이 있다. 고분의 규모와 출토유물로 보아 피장자는 당시의 최고 신분에 속하는 사람으로 추정되며, 축조 연대는 유물의 형식으로 보아 천마총, 금령총과 함께 5세기 후반경으로 추정하고 있다. 현재 노서동 제128호분으로 고유번호가 매겨져 있다.

금령총 金鈴塚

금령총은 노동동에 있으며, 1924년 우메하라스에지(梅原末治) 등에 의해 발굴되었는데, 금관과 함께 금방울이 출토되어 금령총이라 이름이 붙여졌다.

발굴을 통해서 적석목곽분의 구조를 처음으로 밝혀낸 고분으로, 원분구의 직경은 18m, 높이는 4.5m로 추정되는 그다지 크지 않은 고분이었다. 출토된 많은 부장품

중에 특히 주목할 만한 것으로는 그림을 그려 넣은 자작
나무제의 관모, 금팔찌, 배 모양 토기, 로마 유리제품과
함께 유명한 기마인물형 토기 2점이 있다. 출토된 유물
은 국립중앙박물관에 전시 중이다. 고분의 축조연대는
출토 유물의 형식으로 보아 돌무지덧널무덤 가운데에서
는 비교적 늦은 5세기 후반에서 6세기 초로 추정되고
있다. 1984년 현재의 모습으로 정비하였다.

식리총 飾履塚

노서동에 있으며, 126호분이다. 1924년 우메하라라스에지(梅原末治)에 의해 발굴되었는데, 화려하고 큰 금동 신발이 출토되어 식리총이라 불린다.

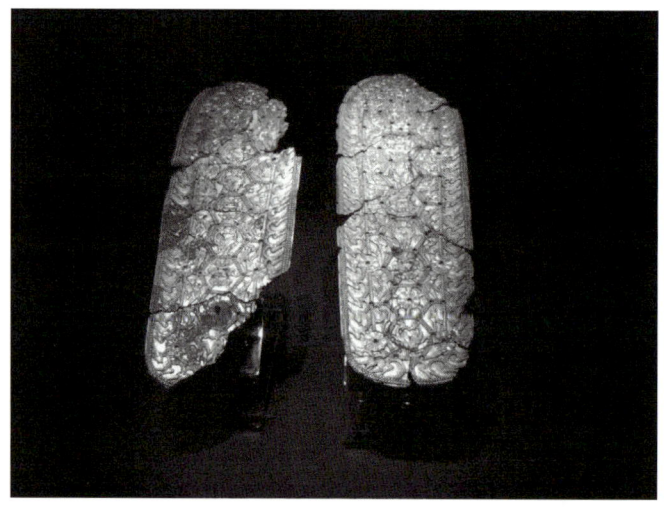

발굴 당시의 외형은 원형봉토분이었으나 봉분이 크게 손상되어 있었다. 내부구조는 일반적인 신라의 적석목곽분이다. 지하에 수혈식 토광을 파고 목곽을 설치하였는데, 덧널의 크기가 길이 5.5m, 너비 3.3m의 직사각형 평면이며, 높이는 1.2m이었다. 덧널의 장축은 동서로 놓여 있었다. 덧널과 토광벽 사이, 그리고 덧널 위에는 냇돌로 돌무지를 쌓았고, 돌무지 위에는 봉토를 씌웠다. 덧널 바닥에는 서쪽으로 약간 치우친 가운데에 널을 안치하였고, 널 동쪽에는 각종 부장품이 배치되어 있었다. 널이 놓여 있던 곳에서는 동쪽으로 머리를 둔 피장자가 직접 착장하고 있었던 유물이 놓여 있었는데, 금제 관수식, 세환식 금귀고리, 유리구슬 목걸이, 은제 과대와 요패, 은팔찌 등의 장신구와 철제 큰 고리칼 한 개가 출토되었고 널 서쪽 끝 부분에서 금동으로 만든 신발이 출토되었다. 이 신발은 귀갑형 윤곽 안에 각종 괴수의 타출문이 새겨진 것으로 서역 미술과 깊은 교류가 있는 것이다.

널 동쪽의 부장품 구역에서는 금동제안장을 비롯해 각종 마구류, 청동합, 초두를 비롯한 금속 용기와 칠기, 토기, 금은으로 장식된 철제큰고리칼[鐵製環頭大刀] 등의 무기가 출토되었다. 피장자는 대도의 착장으로 보아 남자라고 판단되며, 신라 왕족이나 귀족의 무덤으로 고분의 축조 연대는 비교적 늦은 5세기 말경으로 추정되고 있다.

서봉총 瑞鳳塚

　노서동에 위치해 있으며 원래 이 무덤은 부부의 두 무덤이 서로 붙은 쌍둥이무덤, 즉 표형분(瓢形墳)이었다. 1926년 일본인이 발굴하였는데, 발굴 그 당시 스웨덴의 황태자 구스타프아돌프가 발굴에 참가한 것을 기념하여 스웨덴의 한문식 표기인 서전(瑞典)에서 서(瑞)자를 따고, 이 고분에서 출토된 금관에 봉황형 장식이 붙어 있는 데서 봉(鳳)자를 따서 서봉총(瑞鳳塚)이라 이름 지었다.

　금관이 출토되어 신라의 왕릉급 무덤으로 생각되며 5세기대의 중요한 고분이다. 그러나 무덤 안에서 주인공을 알 수 있는 유물이 출토되지 않아 누구의 무덤인지 밝혀지지 않았다. 출토 유물로는 금관, 금제의 곡옥, 허리띠 반지 등의 장신구와 유리그릇, 칠기 숟가락 등과 함께 연수라는 기년명(紀年銘)이 있는 은그릇이 나왔는데, 정확한 연대는 알 수 없으나, 451년 이후 또는 511년 이후로 추정하고 있었으나 최근에 451년 이후가 보다 타당성이 있다고 하고 있다.

　고분의 주인공은 유물의 내용으로 보아 여성이었을 것으로 추정되며, 고분 축조 시기는 6세기 전반으로 보고 있다.

호우총 壺衧塚

이 고분은 해방 직후에 우리 손으로 발굴한 최초의 고분으로 1946년 5월 3일 발굴을 시작하였다. 호우총이라 불린 것은 출토된 부장품 가운데 돌무지에서 깨어진 청동합의 바닥 밑에 돋을새김 된 글씨를 자세히 판독하니 4자씩 4줄로 다음과 같이 새겨져 있었다. 乙卯年國 岡上廣開 土地好太 王壺衧十 이를 다시 옮기면 을묘년(乙卯年) 국강상(國岡上) 광개토지(廣開土地) 호우(壺衧)가 된다. 고구려 제19대 광개토대왕이 돌아가신(412년) 3년 후인 을묘년(415년)에, 만주집 안 국강상(능 소재지)에 영원히 잠드신 광개토왕을 기념하는 항아리이다.

외에도 덧널 안에서는 금동관, 금제 관드리개, 금귀고리, 곡옥(曲玉) 달린 유리구슬, 목걸이, 은제 허리띠 등의 장신구와 마구류(馬具類) 및 목칠기, 토기, 방상시탈로 목심칠면(木心漆面) 등의 유물이 출토되었다. 주인공은 비교적 신분이 높은 귀족이나 귀족 부인으로 추정되며, 축조 년대는 6세기 전반경으로 추정된다.

은령총 銀鈴塚

노서동 호우총의 북편에 있다. 1946년 국립중앙박물관에 의해 발굴 조사한 뒤 그 자리만 보존되고 있다. 고분의 목관 안에서는 금동관과 금으로 만든 관수식, 금제 귀걸이, 곡옥 등이 달린 유리구슬 목걸이, 은으로 만든 팔찌와 반지, 그리고 은으로 만든 과대와 요패 등의 장신구가 피장자가 착장하였던 상태대로 출토되었다. 목관의 서쪽 밖에서 금동제 식리가 출토되었으며, 목관의 둘레에는 원래 목관의 밑을 괴었던 것처럼 철정이 줄을 이어 있었다. 출토 유물로 은령과 금제 머리용 장신구, 그리고 자루 부분이 금은(金銀)으로 장식된 소도자(小刀子)·철모·쇠도끼·철제 화살촉 등의 무기 또는 이기(利器)가 출토되었다. 마구류로 안교의 철제복륜, 철제등자, 재갈 등이 출토되었다.

용기류로 十자형 손잡이가 달린 청동합(靑銅盒)·쇠솥·칠기(漆器) 그리고 각종 신라 토기가 출토되었다. 주인공은 여성으로 판단되고 있다. 고분의 축조연대는 5세기 말에서 6세기 초의 고분으로 추정된다.

석실묘 石室墓

6세기 이후에는 적석목곽묘는 경주지역에서 사라지게 되고 돌로 널을 안치하고 방을 만들어 그 위에다 흙을 쌓아 올린 형태인 횡혈식석실묘(굴식돌방무덤)가 시작된다. 매장 주체시설에 입구 및 연도가 달린 돌방이 특징적이고, 여러 사람을 추가로 매장할 수 있으나, 부장품은 줄어든다. 통일신라시대에는 주된 묘제가 되며, 보문리 부부총(夫婦塚), 노서동에 쌍상총(雙床塚)이 그 예라 할 수 있다.

장산 토우총 獐山土偶塚

　선도산에서 무열왕릉 남쪽으로 뻗어 내린 구릉지대에 장뫼라는 마을이 있다. 효현동 일대로 가는 도중 대규모의 고분군이 밀집해 있는 것이 보인다. 이 많은 고분군 중에서 현재 남동쪽 끝 부분에 이미 오래전부터 내부가 공개되어 있는 공개 석실고분이 하나 자리 잡고 있다. 고분 이름에서 알 수 있듯이 이곳에서 토우(土偶)가 출토되어 장산 토우총이라는 이름이 붙게 되었다. 원래 도굴되었던 것을 1974년 수습 발굴함으로써 내부 구조가 밝혀지게 되었다. 현재 이 고분의 내부는 직접 현장에서 볼 수도 있으나, 평상시에는 입구에 문을 닫아 놓아 자세히 볼 수가 없다. 국립경주박물관 고고관에는 모형을 만들어 내부를 공개해 두고 있다. 석실은 봉분 중심부에서 정남향하여 축조되었는데, 입지가 산의 경사면이기 때문에 단면 ㄴ자로 석실후면에서는 지반을 약간 파고 정지하여 설치된 것으로 추정된다. 석실바닥 중앙에서부터 연도를 지나 호석의 밖까지 좌우 벽을 벽돌처럼 자른 석판으로 세운 배수로가 남북으로 설치되어 있다. 고분

의 구조와 출토유물로 보아 통일신라 하대 9세기로 추
정되고 있다.

김환대

경북 경주 출생.
동국대학교에서 고고미술사학을 공부하고 대학원에서 역사교육을
전공하였다. 경주문화유적답사회장, 관광칼럼리스트·문화재 행정모
니터, 문화유적답사와 관련된 모임에서 활동하고 있다.
현재 어린이 문화체험 학습과 삼국유사 현장기행 답사를 진행하고
있으며, 전국의 석조 문화재를 비롯하여 문화유적을 답사하고 있다.

주요논저
「통일신라 9세기 불상연구」, 「경주지역 십이지신상에 관한 연구」,
「한국 석탑의 장엄조식」, 「경주 문화재에 대한 이해」
『신라 천년의 고도 경주를 찾아서』, 『경주의 문화유적』, 『신라왕릉』

신라왕릉의 십이지신상

초판인쇄 | 2009년 2월 10일
초판발행 | 2009년 2월 10일

지은이 | 김환대
펴낸이 | 채종준
펴낸곳 | 한국학술정보㈜
주 소 | 경기도 파주시 교하읍 문발리 513-5 파주출판문화정보산업단지
전 화 | 031) 908-3181(대표)
팩 스 | 031) 908-3189
홈페이지 | http://www.kstudy.com
E-mail | 출판사업부 publish@kstudy.com

등 록 | 제일산-115호(2000. 6. 19)
가 격 | 20,000원

ISBN 978-89-534-1125-8 93900 (Paper Book)
      978-89-534-1126-5 98900 (e-Book)